STRATÉGIAS de ENSINO 20

PRODUÇÃO TEXTUAL na universidade

Désirée Motta-Roth
Graciela Rabuske Hendges

parábola

Capa: ANDRÉIA CUSTÓDIO
Projeto gráfico: TELMA S. C. OLIVEIRA
Imagem da capa: ISTOCKFOTO
Revisão: MARCOS BAGNO

R312

Motta-Roth, Désirée – Hendges, Graciela H.
Produção textual na universidade / Désirée Motta-Roth ; Graciela Hendges Rabuske. - São Paulo : Parábola Editorial, 2010. (Estratégias de ensino] ; 20)

Inclui bibliografia
ISBN 978-85-7934-025-3

1. Linguística. 2. Produção textual. 3. Português I. Título. II. Produção textual na universidade. III. Série.

10-2938. CDD: 806.90-5:003
CDU 469.8

Direitos reservados à
PARÁBOLA EDITORIAL
Rua Dr. Mário Vicente, 394 – Ipiranga
04270-000 São Paulo, SP
pabx: [11] 5061-9262 | 5061-8075 | fax: [11] 2589-9263
home page: www.parabolaeditorial.com.br
e-mail: parabola@parabolaeditorial.com.br

ISBN: 978-85-7934-025-3

1ª edição, 10ª reimpressão: março de 2024.

SUMÁRIO

NOTA DO EDITOR

Produção textual na universidade é um projeto que vem sendo gestado em nosso editorial desde que tomamos conhecimento de uma publicação autoeditada pela autora, Désirée Motta-Roth, intitulada *Redação acadêmica – princípios básicos*, várias vezes reimpressa sob demanda pelo Laboratório de Leitura e Redação [LabLeR] da Universidade Federal de Santa Maria. A autora produzia e divulgava o livro em congressos por todo o país e atendia a solicitações feitas diretamente ao LabLerR, mas o livro aparecia muito menos do que merece aparecer.

No momento em que muitas edições são pensadas para circular sob demanda, nós resgatamos um título dessa condição, seguros de que seu público é muito maior do que aquele que a ele teve acesso até agora.

Em colaboração com Graciela Rabuske Hendges, Désirée Motta-Roth elegeu como interlocutores estudantes universitários de um grande número de áreas do conhecimento, ao exemplificar a produção textual em cursos tão distintos quanto arquitetura, administração, agronomia, biologia, economia, educação, linguística aplicada, medicina, sociologia, saúde pública, química, zootecnia. O que interessa aqui é o texto acadêmico, sua produção, sua leitura. Sempre dissemos a Désirée Motta-Roth que os estudantes universitários poderiam se valer, em escala nacional, do trabalho que ela desenvolve no LabLeR, porque, à semelhança de nossa coleção Leitura e Produção de Textos Técnicos e Acadêmicos, este é um livro "prático" embasado em excelente teoria, com vistas a ensinar os alunos, com dinamismo e leveza, a enfrentar e a vencer suas dificuldades de produção textual.

APRESENTAÇÃO

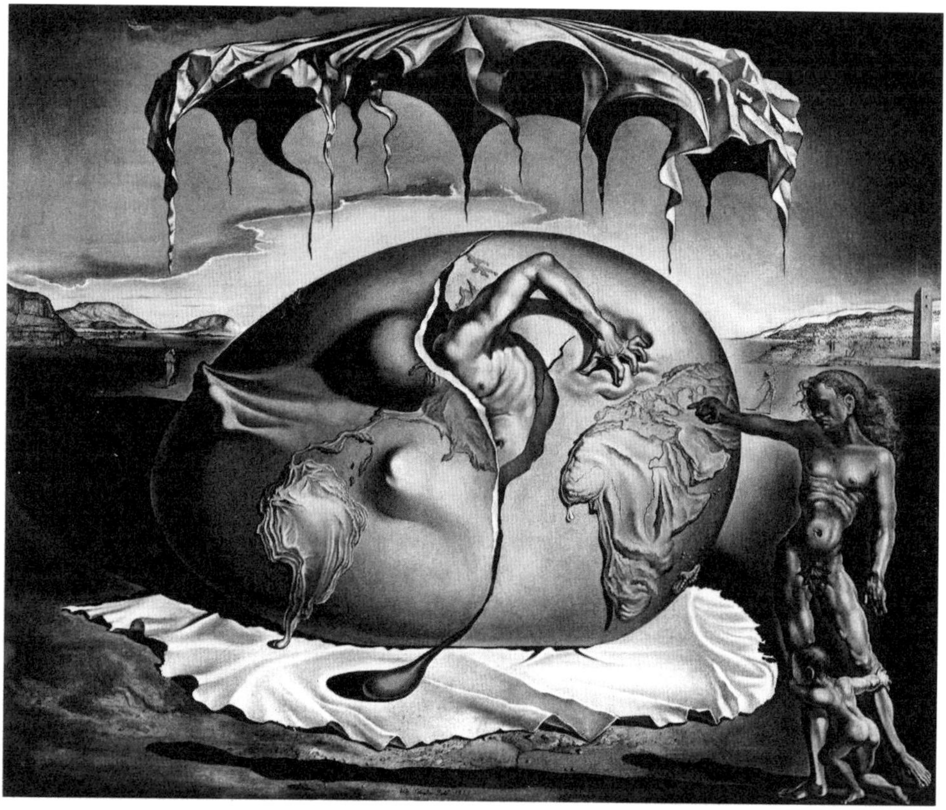

Salvador Dalí: "Criança geopolítica assistindo ao nascimento do novo homem" (1943)

Este material didático resulta de uma "reflexão prática" ou da íntima relação entre ***reflexão teórica*** e ***aplicação prática***. A ***reflexão teórica*** tem sido desenvolvida ao longo dos anos na pesquisa individual de cada autora e em conjunto com nossos orientandos de iniciação científica, mestrado e doutorado. Além disso, a leitura do trabalho de colegas tem sido uma eterna fonte de reflexão e inspiração.

Por outro lado, a ***aplicação prática*** de princípios teóricos da análise de gênero e do ensino de línguas para fins acadêmicos tem sido feita, desde 1994, inicialmente na forma de um seminário para produção de textos acadêmicos em inglês, ministrado pela primeira autora como a oficina "Academic Writing", na XVII

Semana de Letras da Universidade Federal de Santa Maria e, mais tarde, já em sua forma atual em português, para acompanhar cursos e palestras sobre redação acadêmica, ministrados em programas de pós-graduação em diferentes áreas e em várias instituições. Além disso, as ideias desenvolvidas aqui têm sido expostas em trabalhos apresentados em diferentes instituições universitárias e congressos de linguística aplicada e durante anos foram vendidas como material didático, intitulado *Redação acadêmica: princípios básicos*. O presente volume é uma versão ampliada e atualizada desse material, especialmente produzida para a Parábola Editorial.

Tentamos reunir parte das informações que consideramos relevantes para a redação do projeto, do resumo acadêmico (*abstract*), do artigo acadêmico (também chamado de artigo científico) e da resenha acadêmica, gêneros frequentemente utilizados na divulgação de pesquisas e no avanço do estado da arte das diversas disciplinas que formam o que comumente é chamado de "academia".

Este material didático cumpre dois objetivos. Primeiramente, oferecer a escritores iniciantes subsídios que os auxiliem no processo de produção de textos acadêmicos no contexto de pesquisa comumente experimentado na universidade. Além disso, tentamos atender à necessidade de professores de leitura e redação acadêmica de contar com um material sistematizado para desenvolver as habilidades comunicativas de alunos/escritores.

Muitos títulos sugestivos como *Redação técnica*, *Como escrever textos* ou *Como fazer uma monografia* são publicados a cada ano no Brasil. No entanto, a abordagem do presente volume tende a se concentrar não apenas na forma dos textos, mas também no seu conteúdo e na retórica (nos efeitos que se pretende causar no leitor). Diferentemente de outros materiais, adotamos uma abordagem sociointeracionista do letramento científico, ao nos concentrar no desenvolvimento de competências escritas do aluno para interagir com o mundo na posição de escritor e leitor de textos científicos. Nossa pedagogia está focada no uso da linguagem para determinada "ação acadêmica" de avaliar, relatar ou descrever informações e dados gerados em pesquisa, para influenciar o leitor e, consequentemente, a prática acadêmica subsequente de pesquisa e de publicação.

O primeiro capítulo apresenta uma breve discussão sobre aspectos da produção de textos associados à prática de pesquisa científica, como estilo, público-alvo e qualidade da leitura. Os capítulos subsequentes exploram em mais detalhes os objetivos, a função e a organização textual de diferentes gêneros do discurso acadêmico.

Nossa prática de pesquisa e de ensino de quase duas décadas tem nos mostrado que a abordagem sociorretórica dá uma contribuição efetiva ao desenvolvimento do letramento científico, possibilitando a elaboração de uma abordagem pedagógica voltada para os gêneros discursivos e para a produção textual no contexto acadêmico.

Tanto a reflexão teórica quanto a prática pedagógica referidas aqui foram construídas sobre as bases do trabalho pioneiro de John M. Swales sobre gêneros discursivos acadêmicos e ensino de línguas para fins acadêmicos na Universidade de Michigan nos Estados Unidos. No entanto, gostaríamos de dedicar este livro a José Luiz Meurer, que sempre compartilhou generosamente seu saber, esclarecendo princípios da ciência da linguagem e oferecendo incentivo a seus alunos, dentre os quais nos incluímos.

Por fim, gostaríamos de agradecer a nossos orientandos e demais membros do Grupo de Pesquisa/CNPq "Linguagem como prática social" da UFSM, bem como aos alunos que passaram pelo curso de redação acadêmica, desde sua primeira edição em 1994, pelos valiosos comentários que produziram sobre o material. As falhas que persistem se devem a nossa total incapacidade de seguir à risca bons conselhos.

Désirée Motta-Roth
Graciela Rabuske Hendges
Itaára/Santa Maria, RS, 2010

CAPÍTULO 1

PUBLIQUE OU PEREÇA

Pablo Picasso: "Guernica" (1937)

1.1 Por que produzir textos acadêmicos?

No sistema universitário brasileiro, a política de financiamento de bolsas de iniciação científica, de bolsas de pós-graduação e de projetos de pesquisa se baseia no conhecido ditado "Publique ou pereça!" (*Publish or perish!*) das universidades americanas. Essa pressão para escrever e publicar tem levado alunos, professores e pesquisadores universitários a um esforço concentrado na elaboração de textos de qualidade na forma de artigos para periódicos acadêmicos e livros para editoras como meio de assegurar espaço profissional. Desse modo, na cultura acadêmica, a produtividade intelectual é medida pela produtividade na publicação. Por muito tempo, diferentes áreas questionaram o valor de uma política de publicação pautada pela quantidade em detrimento de uma análise mais atenta da qualidade das publicações. Mas, para mudar o sistema, é preciso conhecê-lo e participar dele[1]. Este livro, portanto, tem por objetivo

[1] Prova disso foi a mobilização de pesquisadores, conhecedores das práticas de publicação acadêmica, que, em 2009, pressionaram a CAPES (Coordenação de Aperfeiçoamento de Pessoal de Nível Superior, órgão do Ministério da Educação destinado

trazer informações sobre a prática acadêmica de publicação, enfocando os gêneros discursivos mais comumente adotados no contexto universitário.

Neste primeiro capítulo, gostaríamos de explorar questões que nos parecem centrais para a redação de gêneros acadêmicos: a preparação para a produção textual (a seleção da literatura de referência e a qualidade da leitura dessas referências) e o processo de produção textual (a função de diferentes gêneros acadêmicos, o estilo a adotar, a definição do público-alvo, o ciclo de escrever, revisar e editar).

1.2 Redação acadêmica

Na redação acadêmica, é importante atentar para alguns fatores que, por um lado, podem ajudar a delinear o formato e o conteúdo de nosso texto na fase de preparação da escrita e, por outro, podem ajudar durante o processo de escrita e, mais tarde, na fase de revisão e edição do texto. Os fatores que discutimos a seguir foram sistematizados com base no trabalho de Swales e Feak (1994, 2000, 2004)[2] sobre redação acadêmica para alunos de pós-graduação.

1.2.1 Tópico

Para definir o tópico de um texto (sobre o que vamos escrever), a leitura é fundamental. A atividade de leitura alimenta a escrita, portanto devemos selecionar bibliografia relevante (em forma e conteúdo) sobre possíveis tópicos dentro da área de estudo. Não há uma ordem específica na definição do tópico e na leitura do material disponível na área. Às vezes, detectamos um problema a ser estudado a partir de nossa prática no laboratório, em aula, na observação da mídia etc. Em seguida, visitamos bibliotecas e navegamos na internet em busca de publicações (artigos, resenhas, livros, dissertações e teses) que relatem pesquisas experimentais ou reflexões teóricas sobre o mesmo tópico. Em outras ocasiões, não temos ideia sobre o que escrever e, ao lermos algumas dessas publicações, detectamos uma área que carece de estudos mais aprofundados, pois os problemas relativos a ela ainda não foram totalmente explorados ou solucionados.

a avaliar a capacitação em nível de pós-graduação) para proceder a um realinhamento do Qualis para a área de letras. Qualis (http://qualis.capes.gov.br/webqualis/) é uma base de dados da CAPES, dedicada à classificação qualitativa dos periódicos utilizados para divulgação da produção intelectual em todas as áreas do conhecimento. Em consequência dessa mobilização da comunidade acadêmica, novos parâmetros para o Qualis foram adotados na área de letras, redefinindo assim quais periódicos (e, portanto, que artigos e autores) são mais (ou menos) importantes para esse campo de pesquisa.

2 As referências completas da obra desses autores – e de todas as outras citadas neste livro – estão indicadas na bibliografia ao final do volume.

A seleção da literatura de referência é talvez o passo mais importante na redação de nosso texto, pois definirá a perspectiva teórica adotada para estudarmos o tópico. A qualidade dessas referências é medida por critérios como:

- **a qualidade da fonte de onde extraímos os textos escolhidos**: no caso de artigos acadêmicos, fatores que definem qualidade são

  (1) o fator de impacto[3];

  (2) no Brasil, o Qualis-CAPES;

  (3) a indexação[4].

  Periódicos com alto fator de impacto, Qualis A ou B e indexados são geralmente avaliados mais positivamente que aqueles sem fluxo atualizado de publicação;
- **a importância dos autores na área**: pesquisadores conhecidos, com muitas publicações individuais e em coautoria, têm mais chance de ter um trabalho consistente em vista do diálogo que mantêm com seus pares, do que autores que raramente publicam e apenas individualmente;
- **a recência desses trabalhos**: geralmente se buscam textos publicados nos últimos cinco anos. Utilizar artigos extraídos de periódicos atualizados e indexados demonstra um esforço de sua parte em se atualizar com o saber na área. A tendência na academia é trabalhar com textos recentes como forma de garantir atualização, a não ser em disciplinas específicas, como filologia ou história, que apresentam uma visão diacrônica do conhecimento.

É importante ler com cuidado os artigos e livros que escolhemos como referência teórica do nosso trabalho. A qualidade dessa leitura está nas anotações e no resumo de trechos que, mais tarde, poderão ser usados como base para nosso próprio artigo, *abstract* ou resenha.

---

[3] O fator de impacto é uma medida de relevância baseada essencialmente na frequência de citação. Foi proposto por Eugene Garfield nos anos 1950 para avaliar a importância e reputação de periódicos diante da comunidade científica. O fator de impacto de determinado periódico é resultante do seguinte cálculo: considera-se o número de citações que esse periódico recebeu nos dois anos anteriores em relação ao número de artigos que publicou e faz-se uma média. Se, por exemplo, a revista *Science* tiver recebido 50.000 citações em 2008 e 2009 e publicado 1.500 artigos, o fator de impacto da *Science* em 2010 será: 50.000/1.500 = 26,66.

[4] Uma revista indexada é aquela que recebe um número (índice) no sistema internacional de catalogação de periódicos. Para ser catalogada, a revista deve manter a periodicidade e a atualização da publicação, de tal forma que cada número novo corresponda ao ano corrente, sem atrasos. Além disso, a revista deve manter um corpo editorial que controle a qualidade dos textos submetidos para publicação.

1.2.2 Audiência

A redação acadêmica demanda que tenhamos uma imagem precisa de nosso público-alvo, o qual, provavelmente, conhece o assunto e lerá o texto em busca de informação nova. Devemos encontrar o tom apropriado para projetar as expectativas que temos sobre o leitor, bem como os objetivos e o conhecimento prévio que o leitor trará para a tarefa de leitura. Devemos definir como nos relacionaremos com nossa audiência para poder explicitar nossos objetivos: um *especialista* escrevendo para iniciantes (objetivos pedagógicos) ou um membro da disciplina (*especialista* ou não) escrevendo para *especialista* (objetivo de demonstrar familiaridade e conhecimento na área).

1.2.3 Estratégias de apresentação

Há várias estratégias para demonstrar seu ponto de vista e dar confiabilidade ao relato de sua pesquisa, tais como

(a) articular seu texto com a literatura já publicada na área;
(b) estabelecer relações com pesquisas anteriores;
(c) inserir sua pesquisa num contexto mais amplo por meio da citação de várias pesquisas relacionadas entre si e com seu trabalho;
(d) apontar falhas em sua própria pesquisa, conforme os exemplos a seguir.

(a) articular seu texto com a literatura publicada na área

Exemplo 1.1[5]

Resumo de informações de pesquisa

> M#1
>
> Tais fatos podem estar refletindo a influência da adoção de algumas medidas de atenção à saúde, como o programa de controle das infecções respiratórias agudas, a terapia de reidratação oral e o incentivo à amamentação, entre outros, conforme já assinalados em estudo anterior (Paim, Costa, 1993).

[5] Os textos cujos excertos são usados como exemplos neste livro são numerados em sequência, de tal forma que todos os textos de medicina recebem a letra M (inicial da disciplina) e um número. Assim, você pode encontrar as referências completas do primeiro texto citado em medicina no Exemplo 1.1, procurando pelo texto M#1 ao final deste capítulo (na área de biologia, utilizamos a letra B, para linguística, a letra L, e assim por diante).

(b) conectar informação nova (obtida na pesquisa reportada no artigo, indicada em cinza no exemplo 1.2) com informação dada (obtida em pesquisa anterior, indicada em preto):

Exemplo 1.2

> B#1
>
> Bromélia antiacantha ocorreu basicamente nas zonas FPP e MPI, assim como no estudo de Araújo et al. (1998). A presença de indivíduos desta espécie na zona FPP sugere maior tolerância à alta salinidade.

(c) conectar o assunto tratado no texto com a área de pesquisa. Para tanto, podemos contextualizar o estudo, dando informações acerca do assunto, detectando lacunas no conhecimento existente na área:

Exemplo 1.3

> B#1
>
> As restingas recobrem cerca de 80% da costa brasileira (Lacerda et al., 1993), onde se estendem desde estreitas até extensas faixas de areia, como no litoral norte do Estado do Rio de Janeiro (Martins et al., 1993). O bioma de restinga possui uma vegetação característica devido a uma combinação de fatores físicos e químicos dessas regiões, tais como elevada temperatura, salinidade, grande deposição de salsugem e alta exposição à luminosidade (Ormond, 1960; Franco et al., 1984; Henriques et al., 1984). Nas imediações de fontes de água, como lagoas e braços das mesmas, a vegetação torna-se mais densa, formando florestas (Araujo et al., 1998).
>
> As comunidades vegetais das restingas da costa brasileira são conhecidas quanto a sua composição florística e às formações vegetais nelas encontradas

Informações que orientam o leitor e contextualizam o tópico do artigo (ex.: Pfadenhauer, 1978; Araujo & Henriques, 1984; Silva & Somner, 1984; Henriques et al., 1986; Araujo & Oliveira, 1988; Pereira & Araujo, 1995; Araujo et al., 1998), havendo, contudo, poucos trabalhos sobre a ecologia das espécies vegetais (Ormond 1960, Henriques et al. 1984, Waechter 1985, Zaluar 1997).

Indicação de lacuna no conhecimento sobre o tópico

(d) admitir ou discutir falhas no estudo realizado:

Exemplo 1.4

Discussão de limitações do estudo

M#1

Vale salientar que, por se tratar de uma análise de agregados, este estudo está sujeito às limitações de certa forma já apontadas anteriormente, tais como a heterogeneidade intra-agregados, a mobilidade intergrupos, a dependência da escala utilizada, entre outras, que, de acordo com a epidemiologia, constituem-se em sérios impedimentos para a inferência causal. Todavia, não é demais esclarecer não ter sido este o propósito do presente trabalho, mas, sim, oferecer subsídios para o planejamento e a avaliação da oferta de serviços e para monitorar as condições de saúde infantil. Assim, em que pesem as restrições apresentadas, o estudo da mortalidade infantil considerando-se sua distribuição no espaço geográfico entendido como produto de transformações exercidas pelo homem (Santos, 1979) não só permitiu a identificação de áreas da cidade onde residem grupos submetidos a um maior risco, como também contribuiu para evidenciar a manutenção das desigualdades sociais.

Essas estratégias servem para dirigir a atenção do leitor para determinados aspectos da pesquisa relatada no texto, ajudando-o a organizar a informação e recuperar o ponto de vista do autor.

1.2.4 Organização

Uma estrutura textual clara facilita a leitura de informações, uma vez que o leitor pode antecipar padrões de organização textual comumente encontrados em textos do mesmo gênero. Exemplo disso é o uso de subtítulos para orientar o leitor, de modo que ele possa antecipar o tipo de informação presente no texto. Observe abaixo algumas passagens retiradas de um artigo da área de medicina. Veja como os subtítulos indicam o tipo de informação que se seguirá:

Exemplo 1.5

M#1

Introdução

A estreita relação que a mortalidade infantil apresenta com os fatores sociais e econômicos é reconhecida há muito tempo e tem sido evidenciada em diversos estudos latino-americanos (Behm, 1980; Monteiro, 1982; Paim et al., 1987; Yunes, 1983).

(...)

> Introdução para contextualizar o estudo

Metodologia

O estudo, do tipo ecológico e de base populacional, teve como menor unidade de análise as 75 zonas de informação (ZI) de Salvador, que correspondem a áreas da cidade definidas pela Companhia de Desenvolvimento da Região Metropolitana (CONDER) com base em critérios socioeconômicos, de infraestrutura físico-administrativa e de planejamento, compatibilizados com os setores censitários da Fundação Instituto Brasileiro de Geografia e Estatística (IBGE). Foram utilizados os dados do Sistema de Informação de Mortalidade (SIM) contidos no cd-rom produzido pelo Ministério da Saúde (MS, 1998).

(...)

> Apresentação dos procedimentos usados no estudo

Resultados

Observa-se na tabela 1 que, em Salvador, no ano de 1991, ocorreram 1.111 óbitos de menores de um ano, o que correspondeu ao CMI de 29,2 por mil menores de um ano e MIP de 10,2%. A proporção de óbitos neonatais (PON) foi praticamente a mesma da pós-neonatal (POPN), de 49,1% e 50,1%, respectivamente.

(...)

Apresentação dos resultados encontrados

Discussão

Os resultados deste estudo confirmam o declínio que vinha sendo observado na mortalidade infantil em Salvador (SESAB, 1995; Lima & Costa, 1999). Todavia, mostram também que essa queda não foi contínua e apresentou uma variabilidade muito grande.

Interpretação dos resultados encontrados

1.2.5 Estilo

O estilo que você assume em seu texto pode ser equacionado com o "tom" com que você aborda seu tópico e com a audiência que você tem em mente quando começa a escrever. Em redação acadêmica, há um formalismo geral no tom, alcançado por intermédio de certas estratégias, tais como escolher alternativas mais precisas e formais quando selecionamos o vocabulário a ser usado (Swales, Feak, 1994, p.15):

Exemplo 1.6

Informal - impreciso / Formal - específico encontrados

O autor diz/afirma que o conceito de gênero é produtivo na análise do discurso da ciência. Os resultados de certos/inúmeros/50% dos projetos têm sido bons/encorajadores no que tange ao desenvolvimento regional.

1.2.6 Desenvolvimento da informação

A evolução clara e lógica de uma ideia a outra, conectadas progressivamente, possibilita que o leitor acompanhe o desenvolvimento do texto (idem, p. 21). O uso eficiente de palavras que desempenham a função de conectores — por exemplo, "portanto", "assim", "entretanto" e "porque" — como o uso de pontuação adequada podem ser de grande valia no estabelecimento de uma progressão gradativa da informação. Note, no exemplo abaixo, que a expressão "enquanto" estabelece um contraste entre "o número de estudantes de doutorado" e "o número de bolsas disponíveis":

Exemplo 1.7

> O número de estudantes que buscam os programas de doutorado tem crescido gradualmente nos últimos anos, **enquanto** o número de bolsas disponíveis manteve-se constante. **Essa situação** resulta da atual política do governo federal.

Elemento de coesão

Referência anafórica com o uso de uma palavra de sentido geral que resume o trecho anterior

Veja também que, no exemplo, a expressão "essa situação" resume todo o trecho precedente a ela. O emprego de elementos anafóricos de coesão tais como pronomes demonstrativos ("esse"/ "essa") acompanhados de um substantivo anafórico[6] ("situação") mantém o desenvolvimento constante da informação e orienta o leitor na interpretação do texto. Se você substituir a palavra "situação" por "tragédia" no exemplo acima, obtém outra perspectiva da relação bolsa-aluno:

Exemplo 1.8

> O número de estudantes que buscam os programas de doutorado tem crescido gradualmente nos últimos anos, **enquanto** o número de bolsas disponíveis manteve-se constante. **Essa tragédia** resulta da atual política do governo federal.

Referência anafórica com o uso de uma palavra de sentido específico que resume o trecho anterior

A expressão "essa tragédia" refere-se ao trecho precedente no texto, resumindo o que foi afirmado anteriormente. Note o efeito causado pela substituição do substantivo anafórico "situação" por outro como "tragédia".

6 Anafórico: que se refere a um termo já mencionado antes. Por exemplo, em "Sentiu o gosto do açaí. Aquela sensação lhe deu prazer", o substantivo sensação é anafórico porque se refere à ideia anterior de "sentir o gosto do açaí". Do mesmo modo, em "Ana é gaúcha. Ela é de Santa Maria.", o substantivo Ana é recuperado, mais adiante, pelo pronome anafórico ela.

1.2.7 Apresentação final do texto

A palavra-chave para a qualidade de qualquer texto é "revisão" a cada versão do texto e, de modo especial, na versão final. É *fundamental* que você aprenda a ler seu próprio texto com distanciamento e espírito crítico. Uma boa estratégia para isso é deixar o texto "descansar" por algumas horas (e até mesmo um dia inteiro) para que depois você possa retomá-lo sem estar com uma leitura "viciada".

Ao revisar, tente ler o texto em voz alta, como se fosse para outra pessoa. Isso ajuda você a entender a organização da informação e a identificar aqueles pontos que ainda não estão claros. Leia o texto cuidadosamente e assinale erros de gramática, ortografia, estrutura, estilo etc. Sobretudo, esteja atento ao modo como você se posiciona no texto como membro de uma disciplina acadêmica enquanto comunidade. Para tanto, leve em conta a cultura disciplinar de sua área e as práticas de redação adotadas por seus pares. Atente, por exemplo, para o modo como, na discussão dos resultados da pesquisa, elementos não verbais como tabelas e gráficos são utilizados ou se é importante fornecer uma avaliação essencialmente qualitativa dos resultados obtidos. Ou ainda, se há necessidade de definir detalhadamente os conceitos de base na área ou se a área trabalha com conceitos bem estabelecidos, mas com procedimentos inovadores que devem ser explicados em pormenores.

Não hesite em reestruturar ideias e reorganizar seu texto, mesmo que sua redação, a seu ver, seja "quase uma obra de arte". Peça aos colegas e professores para lerem seu texto antes de dá-lo por terminado. Críticas poderão contribuir para a melhoria do manuscrito. Seu futuro leitor ficará eternamente grato por seu esforço na fase de revisão.

1.3 Gêneros acadêmicos

Redigir, no contexto da universidade, é produzir textos acadêmicos com objetivos muito específicos. Um artigo acadêmico[7], um *abstract*, uma monografia, uma dissertação, uma resenha ou um livro têm funções diferentes. Cada um des-

[7] Neste volume, usaremos a expressão "artigo acadêmico" em lugar do termo "artigo científico", para designar todos os tipos de artigo publicados em periódicos científicos na seção intitulada "artigos". Eles podem ser de natureza diversa, tais como de revisão da literatura, teóricos, experimentais ou empíricos.

ses ***gêneros*** pode ser reconhecido pela maneira particular com que é construído, pelo menos, em relação a:

- tema e objetivo do texto (o que queremos realizar ao publicar o texto, como avaliar um novo livro, relatar um experimento ou comprovar a eficiência de uma nova droga);
- público-alvo para quem escrevemos (para alunos de graduação, alunos de doutorado, pesquisadores experientes, público leigo?);
- natureza e organização das informações que incluímos no texto (adotaremos seções para cada etapa da pesquisa como a revisão da literatura, a metodologia e os resultados, como no artigo acadêmico experimental?).

Assim, podemos nomear três gêneros centrais no meio acadêmico: o artigo, o *abstract* e a resenha. O ***artigo*** é publicado em periódicos acadêmicos de diferentes áreas como *Revista de Saúde Pública, Revista Brasileira de Biologia, Brazilian Journal of Chemical Engineering, Nature, Journal of Speech and Hearing Disorders, Journal of Political Economy, Angewandt Chemie, Recueil des Travaux Chimiques des Pays-Bas.* Essas publicações têm periodicidade que varia entre semanal, quinzenal, mensal e trimestral e são encontradas em bibliotecas de universidades ou em *sites* na internet como o do *Scielo* **<www.scielo.br>** ou o dos periódicos da Capes **<http://www.periodicos.capes.gov.br>** que dão acesso a periódicos acadêmicos disponíveis *on-line.*

Os artigos contidos nesses periódicos correspondem ao gênero mais usado atualmente na academia como meio de produção e divulgação de conhecimento gerado na atividade de pesquisa. Em geral, o artigo estende-se por 10 a 20 páginas, incluindo uma ou duas páginas de referências a outros artigos e livros relevantes para a discussão do tópico em questão.

Comumente se publicam artigos com o objetivo de divulgar, discutir ou apresentar dados referentes a um projeto de pesquisa experimental sobre um problema específico (artigo experimental) ou apresentar uma revisão dos livros e artigos publicados anteriormente sobre o tópico (artigo de revisão) dentro de uma área de conhecimento específica. Em qualquer caso, o autor demonstra habilidade em:

(1) selecionar referências bibliográficas relevantes ao assunto em foco;

(2) refletir sobre estudos anteriores na área;

(3) delimitar um problema ainda não totalmente estudado na área;

(4) elaborar uma abordagem para o exame desse problema;

(5) delimitar e analisar um conjunto de dados/fontes de referência representativo do universo sobre o qual se quer alcançar generalizações;

(6) apresentar e discutir os resultados da análise desses dados/dessas referências;

(7) finalmente, concluir por meio de generalizações sobre os resultados obtidos no estudo, conectando-as aos estudos prévios dentro da área de conhecimento em questão/reformulando conceitos conhecidos ou apontando futuros desdobramentos teóricos na área.

O ***abstract*** é um resumo do artigo e serve para dar ao leitor uma ideia do que ele vai encontrar ao ler o texto integral. Normalmente precede o artigo, localizando-se na metade superior da página de um periódico acadêmico. O *abstract* funciona como um chamariz para o leitor interessar-se em ler o artigo completo. Nesse sentido, às vezes, os resultados e as conclusões são as únicas informações realmente obrigatórias nesse texto-síntese do artigo (Ayers, 2008). Como sugestão, um *abstract* pode ser construído com as respostas às seguintes questões:

- Justificativa: por que o estudo foi realizado?
- Perspectiva teórica: que conceito(s) é (são) centrais ao trabalho?
- Metodologia: como o estudo foi realizado?
- Resultados: que resultados foram obtidos?
- Conclusão: qual a significação desses resultados para a área?

O limite de palavras a serem usadas no *abstract* é definido pelo periódico ao qual você deseja submeter seu artigo. Entretanto, a capacidade de síntese é importante. Para tanto, a escolha dos termos a serem usados é de fundamental importância.

A ***resenha*** é publicada em periódicos acadêmicos, em seção diferente daquela em que os artigos aparecem, pois os objetivos de ambos os gêneros diferem. A *resenha* é um texto que resume e avalia um livro. Geralmente, o livro resenhado foi publicado recentemente e constitui uma contribuição relevante para a área. O resenhador, então, dá referências sobre esse livro, seu autor, conteúdo e organização, avaliando a importância do livro para a área e a qualidade e a inovação da contribuição dada por ele. O vocabulário usado na *resenha* inclui palavras que refletem a avaliação (mais ou menos) positiva ou negativa do livro, explicitando a visão particular do resenhador sobre o livro.

Ter uma ideia clara desses gêneros e do modo como eles normalmente são utilizados em nossa área são condições primordiais para que possamos produzir textos acadêmicos eficazmente. Numa área como a química, por exemplo, o artigo acadêmico tem sido tradicionalmente o tipo de texto mais comumente publicado. Mais recentemente, o artigo de química vem perdendo certo espaço para a "comunicação" (*short communication*) – um resumo, mais longo que o *abstract*, de uma pesquisa em andamento. Além de ser um documento de menor extensão (uma média de quatro páginas) em relação ao artigo, a *comunicação* serve para publicar trabalhos de determinada natureza (por exemplo, um método novo que demanda apenas duas etapas) que não renderiam um artigo completo. Além disso, alguns laboratórios não têm condições de desenvolver todas as etapas de um experimento devido a limitações infraestruturais e suas opções de publicação se limitam ao gênero comunicação.

Na área de letras, por outro lado, alunos de graduação e pós-graduação frequentemente buscam orientação sobre outros gêneros além do *artigo*, tais como o *ensaio* e a *resenha*. Assim, o primeiro passo para produzir um texto acadêmico é verificar quais os gêneros mais usados na área em questão e como esses gêneros se configuram.

CAPÍTULO 2

RESENHA

François-Auguste-René Rodin: "O pensador" (1880)

2.1 Qual é o objetivo de escrever uma resenha?

Como o pensador na ilustração acima, todos nós, em algum momento, durante nossa trajetória na universidade, nos questionamos sobre o que é uma resenha. Esse gênero discursivo é usado na academia para avaliar – elogiar ou criticar – o resultado da produção intelectual em uma área do conhecimento. Esse produto intelectual pode ter a forma, por exemplo, de um livro, um filme, uma exposição de pinturas, um CD de música, um *software* de computador e é avaliado sob o ponto de vista da ciência naquela disciplina.

Por meio da avaliação de novas publicações, o conhecimento na disciplina (as teorias e os autores em voga, o saber partilhado entre os pares, as abordagens adotadas, os valores consagrados) se reorganiza e as relações de poder, de *status* acadêmico se reacomodam. A resenha é um gênero discursivo em que a pessoa que lê e aquela que escreve têm objetivos convergentes: uma busca e a outra fornece uma opinião crítica sobre determinado livro. Para atender ao leitor, o resenhador basicamente descreve e avalia uma dada obra a partir de um ponto de vista informado pelo conhecimento produzido anteriormente sobre aquele tema. Seus comentários devem se conectar com a área do saber em que a obra foi produzida ou com outras disciplinas relevantes para o livro em questão.

Assim, o ponto de referência no elogio ou na crítica a uma obra literária sobre o Cinema Novo (Figueiroa, 2004), por exemplo, pode ser o que se sabe sobre:

(a) esse movimento cultural;

(b) os livros anteriormente publicados pelo mesmo autor ou sobre o mesmo assunto;

(c) o impacto do Cinema Novo em outras áreas como a música ou as artes plásticas.

É importante ressaltar que o gênero resenha poderá ser usado com maior ou menor frequência de acordo com os interesses de cada área. Na área de letras, a linguística aplicada tem uma tradição de resenhar livros significativamente maior do que outras áreas como, por exemplo, a física, área em que o livro foi radicalmente substituído pelo artigo acadêmico como forma de produção e divulgação de conhecimento (Chen, 1976; Becher, 1987). No início da década de 1990, dos periódicos mais citados[1] em linguística, 70% publicavam resenhas, enquanto acontecia o mesmo apenas em 35% dos periódicos em química e 40% em economia (Motta-Roth, 1996, p. 114-115)[2]. Assim, para alunos de letras, saber resenhar livros talvez seja uma habilidade fundamental. Para tentar auxiliar alunos universitários a produzir textos com maior segurança, concentraremos nossa atenção na resenha acadêmica de livros.

2.2 Qual é a estrutura retórica básica de uma resenha?

A análise desse gênero nos indica que, ao resenhar um livro, desenvolvemos quatro etapas em que realizamos as ações de:

---

[1] Os periódicos mais citados são elencados pelo *Science Citation Index* e pelo *Social Sciences Citation Index Journal Citation Reports* (Garfield, 1989a, b) pelo seu fator de impacto em suas respectivas áreas.

[2] Essa tendência dos linguistas em produzir livros resulta em competição pela atenção do leitor. Por essa razão, oferece ao resenhador um critério: um livro será tanto melhor quanto mais o autor da obra em questão for capaz de definir e atentar para as necessidades de seu público-alvo (Motta-Roth, 1995, p. 239).

Apresentar > Descrever > Avaliar> (Não) Recomendar o livro

Em geral, essas ações tendem a aparecer nessa ordem e podem variar em **extensão**, de acordo com o quê e o quanto o resenhador deseja enfatizar em sua análise do livro, ou podem variar em **frequência**, de acordo com as características da obra ou o estilo do resenhador (se tende a ser mais descritivo ou mais avaliativo em seu texto). Assim, se o autor do livro recebeu um prêmio Nobel, o resenhador poderá dedicar maior espaço no texto ao currículo desse autor (atendendo assim a um provável interesse do público) do que se estivesse apenas iniciando sua carreira acadêmica. Por outro lado, dependendo do estilo do resenhador, a descrição e a avaliação de partes específicas do livro aparecem juntas, sintetizadas no mesmo trecho e, às vezes, na mesma sentença. É importante frisar que o uso dos quatro estágios textuais, indicados acima, foi uma tendência verificada em pesquisa anterior, junto a editores e autores de resenhas em periódicos internacionais (Motta-Roth, 1996). Portanto, a descrição do gênero nesses termos deve ser tomada como uma constatação[3] de como as pessoas escrevem resenhas em determinado espaço geográfico (resenhas publicadas em periódicos internacionais em inglês) e temporal (década de 1990), e não uma norma a ser seguida cegamente.

Vejamos um exemplo de resenha, retirado da internet do *site* da *Com.ciência* **<http://www.comciencia.br/resenhas/2005/10/resenha1.htm>**, em que a resenhadora apresenta um livro sobre sociologia em uma perspectiva interdisciplinar:

Exemplo 2.1

S#1

Emergência. A dinâmica de rede em formigas, cérebros, cidades e softwares

Steven Johnson

Jorge Zahar Editor, 2003.

Por Patrícia Mariuzzo

A gigante do comércio eletrônico Amazon.com envia mensagens automáticas para os usuários avisando

[3] Tendência verificada em um *corpus* de 180 textos publicados em inglês nos periódicos acadêmicos mais citados nas áreas de economia, linguística e química entre 1993 e 1994 (Motta-Roth, 1995).

sobre novos lançamentos que combinam com o perfil do usuário. O sistema consegue "acertar" nas dicas, pois usa informações de compras anteriores, que funcionam para traçar um perfil do usuário e gerar um tipo de propaganda personalizada. Sistemas como o usado pela Amazon são baseados em inteligência emergente. *Emergência* explica os fenômenos emergentes, como surgiram e como podem transformar a televisão, a propaganda, o trabalho, a política c, antcs dc tudo isso, a tecnologia. O autor mistura biologia, história, literatura e matemática para explicar o que são esses sistemas. Uma passada de olhos pela bibliografia do livro já é suficiente para despertar a curiosidade do leitor: Charles Dickens; Marshall McLuhan; James Joyce; Fernand Braudel e Charles Darwin são algumas das referências usadas por Johnson, cuja formação é em semiótica e literatura inglesa. Provavelmente graças a isso, e à abundância de analogias e bons exemplos, a leitura é agradável e simples, mesmo quando o objetivo é entender questões específicas do mundo da programação de computadores.

Apresentar

Avaliar

O título é provocativo: o que poderiam ter em comum colônias de formigas, o cérebro humano, grandes cidades e *softwares*? Todos usam, em menor ou maior grau, sistemas auto-organizados, nos quais é dispensada a presença de controle centralizado. Nos sistemas emergentes, também chamados *bottom-up* (de baixo para cima), agentes que residem em uma escala começam a produzir um comportamento cujo padrão reside em uma escala acima deles: formigas criam colônias, cidadãos criam comunidades, um *software* simples de reconhecimento de padrões aprende como recomendar novos livros. O movimento das regras de nível baixo para a sofisticação do nível mais alto é o que o autor chama de emergência. O sistema só é emergente quando todas as interações locais resultam em algum tipo de macrocomportamento observável. Deve ainda ter os seguintes componentes: interação entre vizinhos, reconhecimento de padrões, *feedback* e controle indireto.

Descrever partes do livro

Na primeira parte do livro, Johnson procura desmontar o que chama de "mito da formiga rainha". A existência desse mito explicaria a dificuldade que as pessoas têm em aceitar a hipótese *bottom-up*, um mundo sem líderes ou os fenômenos coletivos. O estudo das colônias de formigas demonstra que não há nada de hierárquico na maneira como ela funciona. A rainha não é uma figura de autoridade, ela não decide o que cada operária faz. O comportamento das formigas – proteger a rainha, buscar alimento etc. – proviria de uma instrução genética, cujo objetivo é a preservação da colônia. Não é a matriarca que treina as operárias, a evolução fez isso.

Nas cidades, da mesma maneira, haveria um tipo de organização espontânea, independente de planejamento ou de uma liderança. Isso conferiria a elas uma "personalidade", que se auto-organiza por meio de milhões de decisões individuais, uma ordem global construída a partir de uma interação local que o autor chama de "nível da rua". O que ocorre é a repetição de padrões que "ficam guardados na textura dos quarteirões..." para usar as palavras de Johnson. Segundo ele, desse mecanismo viriam as separações de bairros ricos e pobres, comerciais e residenciais etc. Prevendo a estranheza do leitor depois de tal afirmação, admite que também existem diversos padrões nas cidades ditados via *top-down*, como as comissões de planejamento ou as leis de zoneamento. Porém, forças *bottom-up* desempenhariam um papel fundamental na formação das cidades, criando comunidades distintas e grupos demográficos não planejados. Para isso, bastam milhares de indivíduos e regras simples de interação.

Descrever partes do livro

Em seguida, temos a discussão sobre modelos emergentes artificiais. A primeira descrição prática de um programa de software emergente data da década de 1940. O objetivo era criar processos capazes de aperfeiçoarem-se a si mesmos e assim conseguirem reconhecer padrões que não podiam ser determinados por antecipação. A partir daí, torna-se concreta a possibilidade de criar programas onde as interações dos componentes desencadeiam consequências no sistema como um todo ao serem repetidas milhares de vezes. Aqui o exemplo é SimCity (*Simulation City*, Cidade Simulada), jogo eletrônico cuja primeira versão, surgida em 1990, tornou-se campeã de vendas. No jogo, o autor usa um truque de programação que permite que a cidade evolua de forma semelhante a um ser vivo. Com a série SimCity, os sistemas *bottom-up* deixam de ser objeto de estudo para se tornarem um produto comercializável. Apenas dez anos depois, o mundo dos sistemas emergentes está em lojas *on-line*, que dele se utilizam para reconhecer gostos como no exemplo dado no início deste texto; em *sites* da *web* que ajustam comunidades *on-line*; no *marketing*, que o utiliza para detectar padrões demográficos no público etc. A lição é que, embora nossa primeira reação seja procurar por líderes, estamos aprendendo a pensar *bottom-up*.

Avaliar

Uma das teses interessantes levantadas no livro é sobre como esses sistemas aprendem. As cidades aprendem, o corpo humano aprende, as formigas aprendem, sempre a partir da interação com vizinhos, por meio de *feedbacks* positivos e negativos, que determinam as modificações e adaptações no sistema. Mas, "a *web* também está aprendendo?", pergunta Johnson. Existe a chance de as grandes redes de computadores se tornarem autoconscientes? Antes que sejamos levados por fantasias embaladas por filmes como *Matrix*, Johnson adianta-se: a resposta é não; e o que vale a pena entender é por que não. A diferença é que os sistemas emergenciais, na cidade e no cérebro, têm conexões e organização, gerando espontaneamente estruturas à medida que aumentam de tamanho. A *web*, no entanto, não está se tornando organizada, ao contrário, é um espaço em que a desordem cresce com o aumento do volume total. Yahoo e Google são sistemas criados pelo homem para funcionar como um antídoto, para dar sentido a um sistema que não gera organização por si mesmo. Uma tentativa de aperfeiçoar esse modelo é o Alexa, *software* que usa um tipo de tecnologia de filtragem colaborativa para construir conexões entre *sites* baseadas no tráfego de usuários. A ferramenta acompanha o usuário enquanto ele navega na internet, aprendendo padrões de tráfego.

O mundo da programação está se tornando cada vez mais darwinista e menos criacionista. Se antes a boa programação era aquela em que havia total controle do autor, hoje avança de uma forma mais oblíqua, na qual os desenvolvedores fazem o programa amadurecer, um resgate dos conceitos da seleção natural. Nos jogos baseados em inteligência emergente, programar as regras faz parte do jogo e tomará um tempo considerável do jogador. Nesse momento, o autor arrisca prever algumas mudanças de comportamento resultantes do convívio com o novo paradigma. Para ele, crianças familiarizadas com jogos emergentes podem se tornar mais tolerantes com a fase exploratória que precede o jogo em si, e na qual nem os objetivos nem as regras ainda estão claros.

Descrever partes do livro

Na terceira e última parte do livro, estão algumas questões sobre o futuro da emergência artificial. O que acontecerá quando as experiências em mídia e os movimentos políticos forem delineados por forças *bottom-up* e não *top-down*? A emergência segue na direção de melhorar cada vez mais aplicações de *software* capazes de desenvolver uma teoria sobre nossas mentes. Os programas que fazem um levantamento dos nossos gostos e interesses são o começo de um mundo em que poderemos interagir mais regularmente com a mídia, pois o *software* reconhecerá nossos hábitos, antecipará nossas necessidades e se adaptará às nossas mudanças de humor. O *software*, assim como o cérebro, será capaz de reconstruir estados mentais, quase leitores de mentes.

Descrever partes do livro

No capítulo final, fica clara a visão otimista de Jonhson e sua crença em um mundo onde a lógica *bottom-up* se espalha por todos os cantos. Algo que parece questionável, pois se os sistemas emergentes estão presentes na lógica de desenvolvimento das cidades, com a eficiência para organizar e estruturar a vida dos homens no caos urbano, por que essas cidades nunca abandonaram as formas *top-down* de organização? **A conclusão do livro, entretanto, é de que** a emergência está se expandindo pouco a pouco para ocupar várias, senão todas, as instâncias das nossas vidas. A propaganda, o trabalho e a política ganham outra face influenciados pelo modo *bottom-up*.

Recomendar

Como nesse exemplo, resenhas, em geral, são textos mais curtos (comumente, não muito mais do que 1.500 palavras) se comparados com outros gêneros como o artigo acadêmico (comumente, até 10 mil palavras) ou a tese de doutorado (que pode incluir mais do que 80 mil palavras).

No exemplo 2.1, a resenhadora constrói três dos quatro estágios textuais anteriormente mencionados. Em primeiro lugar, o livro é apresentado; em seguida, descrito e avaliado. Não há uma recomendação final clara para que o público compre o livro, mas como as avaliações são positivas e a resenhadora ressalta a centralidade do tema do livro ("está se expandindo pouco a pouco para ocupar várias, senão todas, as instâncias das nossas vidas"), a recomendação fica subentendida.

Para construir, de modo persuasivo, cada um dos três estágios indicados no exemplo 2.1, a resenhadora avança, passo a passo, utilizando estratégias variadas. De início, estabelece um pano de fundo para sua discussão sobre o tema do livro, ao chamar a atenção para o modo como a Amazon.com se utiliza de novos sistemas de informação como o de inteligências emergentes. Ela utiliza esse recurso de exemplificação para contextualizar o livro resenhado e definir de que maneira ele traz uma nova contribuição para o "estado da arte", isto é, o atual estado do conhecimento nos estudos das organizações sociais. Esse estágio estabelece o cenário contra o qual a resenhadora buscará descrever (as partes do livro) e avaliar (os melhores ou piores aspectos do mesmo). Ela conecta esse contexto ao livro pelo seu título: "*Emergência* explica os fenômenos emergentes, como surgiram e como podem transformar a televisão, a propaganda, o trabalho, a política e, antes de tudo isso, a tecnologia".

Na apresentação da obra, são definidos os campos teóricos mobilizados para explicar o tema do livro: "O autor mistura biologia, história, literatura e matemática para explicar o que são esses sistemas". Além disso, para situar o leitor, a resenhadora apela para a fama de autores usados como referências na obra e para as credenciais do autor: "Charles Dickens; Marshall McLuhan; James Joyce; Fernand Braudel e Charles Darwin são algumas das referências usadas por Johnson, cuja formação é em semiótica e literatura inglesa". O estágio seguinte serve tanto para dar uma visão geral do livro (enumerando suas partes) como também para detalhar alguns pontos específicos.

A resenhadora:

(a) dá uma visão geral do livro –

Exemplo 2.2

S#1

O título é provocativo: o que poderiam ter em comum colônias de formigas, o cérebro humano, grandes cidades e *softwares*? Todos usam, em menor ou maior grau, sistemas auto-organizados, nos quais é dispensada a presença de controle centralizado.

Organização (conexão entre os diferentes elementos do título pelo tema aglutinador: Emergência)

(b) explica o tópico de cada capítulo –

Exemplo 2.3

> S#1
>
> **Na primeira parte do livro, Johnson procura desmontar** o que chama de "mito da formiga rainha". (...) **Em seguida, temos a discussão sobre** modelos emergentes artificiais. (...)**Na terceira e última parte do livro estão algumas questões sobre** o futuro da emergência artificial. (...)

(c) avalia pontos específicos –

Exemplo 2.4

> S#1
>
> **Uma das teses interessantes levantadas no livro é** sobre como esses sistemas aprendem. (...) **A conclusão do livro, entretanto, é de que** a emergência está se expandindo pouco a pouco para ocupar várias, senão todas, as instâncias das nossas vidas.

Pontos ressaltados

Ao fazer comentários avaliativos sobre os temas abordados no livro, a resenhadora chama para si o papel de especialista (autoridade) frente ao leitor que, por sua vez, se constitui como membro (aspirante ou especialista) de uma comunidade acadêmica. O estilo do texto é formal e o tom é persuasivo para influenciar o público a ler (ou não ler) o livro. O objetivo da autora da resenha, portanto, parece ser demonstrar autoridade dentro da disciplina, enquanto membro capaz de avaliar criticamente uma nova publicação, tendo como pano de fundo a literatura prévia na disciplina; sua habilidade em fazer julgamentos plausíveis e coerentes, fornecendo evidências para tanto.

Resenhas comumente trazem também descrição de material extra que vai além do texto principal de cada capítulo do livro, na forma de apêndices, anexos, tabelas, gráficos, figuras, dados, exercícios, glossários, listas de referências e índices remissivos. O tipo e a frequência desses materiais adicionais variam de área para área e dentro de cada área, dependendo do assunto tratado no livro. Serão mencionados sempre que isso for relevante para a avaliação do livro ou para as práticas de publicação da disciplina.

Em determinadas áreas, a qualidade da impressão das imagens ou a precisão e extensão do índice remissivo podem ser lembradas numa avaliação favorável da obra.

Como vimos, no exemplo 2.1, a resenha se encerra com uma recomendação final velada, mas de tom persuasivo, que ressalta a importância e a atualidade do livro: "...a emergência está se expandindo pouco a pouco para ocupar várias, senão todas, as instâncias das nossas vidas". No entanto, frequentemente, ao recomendar uma obra, resenhadores aconselham explicitamente o leitor a ler (ou talvez, não ler) o livro, ressaltando o impacto significativo da obra (ou a falta dele) para a disciplina como um todo (Motta-Roth, 1995, p. 45).

Vejamos outro exemplo de resenha retirado do site do periódico da área de letras, *Linguagem & Ensino* **<http://rle.ucpel.tche.br/>**:

Exemplo 2.5

L#1

Linguagem & Ensino, Pelotas, vol. 11, nº 1, p. 237-261, jan./jun. 2008

Araújo, Júlio César (org.). *Internet & ensino: novos gêneros, outros desafios.* Rio de Janeiro: Lucerna, 2007, 288 p.

Resenhado por Rogéria Lourenço dos Santos

O uso de ferramentas tecnológicas no âmbito do ensino vem crescendo significativamente nos últimos anos. A internet é uma das ferramentas que mais se destaca nesse contexto, principalmente no ensino de línguas, uma vez que se configura por variados recursos midiáticos, textos multimodais e gêneros textuais.

Com o intuito de abordar questões voltadas ao ensino de línguas materna e estrangeira no contexto virtual, o livro *Internet & ensino – novos gêneros, outros desafios*, organizado por Júlio César Araújo, traz sugestões de práticas pedagógicas que incluam o ambiente virtual. Professores de diversas instituições de ensino do Brasil apresentam suas pesquisas e propostas no livro que reúne dezesseis capítulos, os quais têm como palavras-chave *gêneros discursivos, internet* e *ensino/aprendizagem de língua materna e estrangeira.* A obra divide-se em duas partes: a primeira, "Gêneros digitais

– descrição e implicações para o ensino", e a segunda, "O professor e a internet: alternativas e dilemas".

Na primeira parte, são apresentados gêneros como *chat*, *homepage*, *weblog* e *fóruns*, algumas propostas pedagógicas desenvolvidas em sala de aula e propostas mais teóricas, de análise descritiva, ambas com o objetivo de explorar os gêneros virtuais como objeto de ensino. A visão adotada pelos autores é a de que os gêneros virtuais são parte integrante dos eventos comunicativos sociais e que, por isso, merecem tanta atenção quanto os gêneros encontrados no meio não digital.

Na segunda parte, são abordadas questões sobre os perfis que professores, alunos e leitores adotam no mundo virtual e sobre o uso dos recursos oferecidos pela internet (letramento digital), tendo como foco propostas pedagógicas de mediação de ensino-aprendizagem. O papel da escola enquanto instituição responsável por essa mediação é visto, pelos autores, como fundamental para possibilitar a socialização, a construção e o compartilhamento do conhecimento.

No primeiro capítulo, Júlio César Araújo e Nonato Costa apresentam a organização composicional do *chat* aberto, constatando a existência de cinco "movimentos interativos" nesse gênero digital, quais sejam, "marca automática do provedor, indicando que o internauta entrou na sala", "saudação inicial", "conversação", "despedida" e "marca automática do provedor, indicando que o internauta saiu da sala" (p. 24). Tais movimentos mostram que o gênero *chat* apresenta uma organização estrutural, embora os tópicos conversacionais possam variar no decorrer do bate-papo.

Roberta Caiado, no segundo capítulo, relata uma pesquisa cujo gênero de estudo é o *weblog*. A autora traz uma discussão sobre as supostas influências do *internetês* (nome dado à escrita utilizada na internet) na escrita escolar. O uso de abreviações, o alongamento de consoantes e vogais e as palavras não acentuadas, características comuns da escrita digital, são considerados, pela autora, como linguagem não normativa e não como "erro", uma vez que poucas "transgressões" foram, de fato, verificadas nos textos escolares analisados. Essa constatação desmistifica a crença de professores que acusam a internet como a responsável pelos erros ortográficos dos alunos em redações escolares.

O terceiro capítulo, de Viviane Leal, coloca em discussão o bate-papo enquanto instrumento pedagógico de ensino a distância. Nesse contexto, o professor é visto como mediador que deve estimular e permitir que os alunos interajam entre si de forma colaborativa (em busca de objetivos comuns ao grupo) e cooperativa (buscando objetivos pessoais). A utilização do bate-papo para fins pedagógicos, segundo a autora, deve ser sempre planejada e, para tanto, requer propósitos pré-delineados pelo professor, para se evitar o uso inadequado da ferramenta.

Maria do Carmo Fontes, no quarto capítulo, trata de um recurso típico da comunicação digital: o *emoticon*. O uso de caracteres que representam expressões faciais e comportamentos emocionais como riso, piscadela ou tristeza foi frequente em aulas virtuais de língua inglesa. A ausência do contato visual entre os participantes foi compensada pelo uso dos *emoticons*, responsáveis por auxiliar na construção das relações interpessoais no ambiente virtual.

Retomando o gênero *chat* aberto, Júlio César Araújo e Bernadete Biasi-Rodrigues propõem-se, no quinto capítulo, analisar os recursos estilísticos desse gênero digital. Entre tais recursos, destacam-se: os *emoticons*, que visam expressar sentimentos; a repetição de letras e sinais de pontuação, cujo objetivo é marcar ou enfatizar a entonação; o uso da letra k em substituição ao dígrafo /qu/, à letra "c" enquanto fonema /k/ e à representação de risada ('kkkkkk'); e marcas nasais como "aum", traços todos que aproximam a escrita digital da oralidade. Os autores apontam para a importância de considerar a linguagem além do ambiente escolar e todas as variações que ela possui, sem preconceitos linguísticos, uma vez que a língua é flexível e, portanto, adapta-se a eventos comunicativos que lhe sejam peculiares.

O sexto capítulo, de Áurea Zavam, aborda os *e-zines* – edições eletrônicas informativas de caráter independente, amador e alternativo – em sua forma discursiva como um meio de se manifestarem vozes que não estão sujeitas a instituições. Por isso, os *e-zines* têm seus textos discursivamente construídos de modo mais irreverente, sem sofrerem a censura da mídia normativa. Quanto ao *ethos*, os *e-zines* caracterizam-se por possuírem "um ethos jovem, contestador, revolucionário, livre das amarras sociais" (p. 105). Zavam sugere a inclusão de textos "marginais", como os *e-zines*, nas práticas pedagógicas, por sua linguagem aproximar-se do discurso jovem.

O sétimo e o oitavo capítulos abordam o gênero mais encontrado nas páginas www, a *homepage*. No sétimo capítulo, Benedito Gomes Bezerra caracteriza a *homepage* como gênero introdutório e faz uma análise de seus propósitos comunicativos, dos movimentos feitos para alcançar esses propósitos e das estratégias retóricas envolvidas nesses movimentos. O autor aponta a necessidade de a teoria de gêneros passar por uma atualização, de forma a atender às necessidades de análise dos gêneros digitais. Já no oitavo capítulo, Désirée Motta-Roth, Susana dos Reis e Débora Marshall colocam em discussão uma proposta de ensino implementada em um curso de ILE (*WebEnglish*), desenvolvida com alunos de inglês como língua estrangeira. Tal proposta uniu a produção de páginas pessoais à aprendizagem da língua inglesa, com o objetivo de trabalhar a construção do gênero "página pessoal", as estruturas do idioma estrangeiro e as habilidades de escrita nesse idioma. As autoras acreditam que a pedagogia com gêneros digitais possa contribuir para a transformação da internet em uma "mídia realmente pluralística e democrática" (p. 141).

O capítulo nove traz a aplicação de um conceito proposto por Goffman ao gênero digital *chat*. Vera Lúcia Menezes de Oliveira e Paiva e Adail Sebastião Rodrigues Júnior analisam o *footing*, ou seja, a postura assumida por participantes de um momento interativo, neste caso, usuários de dois fóruns educacionais *on-line*. Pela observação dos traços retóricos e discursivos, os autores focalizam a atitude de uma professora enquanto moderadora da interação. Mudanças de postura discursiva manifestaram-se, em diferentes momentos, como crítica, elogio, incentivo, avaliação etc.

A proposta de análise mostrou que, mesmo no ambiente virtual, o *footing* adotado nas interações configurou-se de modo que os participantes assumissem posturas adequadas a cada "evento social" *on-line*. O último capítulo da primeira parte do livro, de Márcia Maria Ribeiro e Júlio César Araújo, relata uma pesquisa feita em aulas de informática com crianças da 1ª série do ensino fundamental. Com o objetivo de aprender a interagir com os computadores e desenvolver o conhecimento sobre o gênero digital *endereço eletrônico*, os alunos tinham a tarefa de acessar *sites* infantis, como Turma da Mônica, atentando para sua escritura. Dessa forma, os alunos foram capazes de aprender a usar os endereços eletrônicos para acessar as páginas desejadas. Com os erros cometidos na digitação dos endereços eletrônicos e, logo, o aviso na página de que não havia sido possível encontrar o endereço solicitado, os alunos conscientizaram-se da importância da atenção ao ler e escrever, da releitura e da reescrita.

A segunda parte do livro começa com um capítulo de Denise Bértoli Braga, que se preocupa com a reflexão crítica do uso da tecnologia digital no ensino. Segundo a autora, o acesso ao conhecimento no meio virtual permite mais socialização, sendo que dois caminhos são possíveis no mundo cibernético: por meio da inclusão social, o conhecimento passa a ser compartilhado, e os grupos periféricos passam a participar ativamente da construção do conhecimento; ou pode haver um domínio maior dos que têm acesso à internet, havendo a exclusão dos menos favorecidos, aumentando assim o distanciamento social. Com esse pensamento, a autora relata uma pesquisa por ela desenvolvida, a qual envolveu três grupos distintos – universitários, professores de cursinho pré-vestibular e membros de uma entidade cultural e social (Casa de Cultura Tainã) –, que interagiram na produção de *sites*.

No décimo segundo capítulo, Socorro Claudia Tavares de Sousa trata das variações linguísticas existentes no meio eletrônico e das estratégias de leitura de hipertextos. A autora sugere que a escola deva adotar uma postura de incluir a linguagem virtual na aprendizagem da língua materna, por meio de projetos pedagógicos que visem diminuir o preconceito linguístico, geralmente dado às variedades da norma culta, e aumentar a inclusão social.

Ricardo Augusto de Souza, no décimo terceiro capítulo, apresenta a abordagem de aprendizagem de línguas denominada *Tandem*, utilizando o computador como seu instrumento. Tal abordagem permite a aprendizagem de línguas entre falantes nativos de localidades diferentes, pela troca de informações *on-line*, ou seja, quem aprende a língua alvo ensina a língua materna. O autor enfatiza que o uso da internet no regime *Tandem* faz do processo ensino-aprendizagem algo eficaz, uma vez que os recursos eletrônicos, como *e-mail*, *chat* e fóruns permitem a troca de informações em tempo real ou quase imediato.

O décimo quarto capítulo, de Ana Elisa Ribeiro, traz uma retomada sobre leitura e escrita nos âmbitos "real" e virtual, sobre internet e sobre a importância de o professor e a escola ambientarem-se com o uso dessa ferramenta para instigar a leitura e a produção textual. A autora também enfatiza a importância de o professor desenvolver suas habilidades e competências, utilizando a internet para escrever (por exemplo, em *blogs*), para ler e para interagir com seus alunos, a fim de se envolver de forma ativa no contexto virtual, tornando-se apto para transitar entre o mundo da escrita e da leitura tanto na sala de aula quanto no meio digital.

No décimo quinto capítulo, Iúta Lerche Vieira discute o perfil do leitor virtual, suas preferências de leitura e a forma de ele ler, a partir de uma pesquisa feita com usuários de internet, abrangendo alunos que estão entre as últimas séries do ensino fundamental e o 1° ano do ensino superior e seus professores. A autora destaca a necessidade de as instituições de ensino desenvolverem estratégias de leitura próprias para o meio virtual e uma orientação de leitura de hipertextos, visando à compreensão do texto e à construção de sentido no processo da leitura.

O livro se encerra com um capítulo de Else Martins dos Santos, o qual traz a discussão de um problema muito comum em sala de aula, o "copia e cola". A autora sugere que o uso da internet como fonte de pesquisas dê-se a partir de uma orientação pedagógica. Esta deve servir como guia para que os alunos sejam capazes de desenvolver a habilidade de pesquisar textos *on-line* com vistas à criação de seus próprios textos, evitando o plágio e a falta de leitura e conhecimento do tema a ser pesquisado. A autora acredita que através de uma pesquisa orientada, em que o aluno discuta e reflita sobre os textos encontrados na *web*, ele seja capaz de produzir seu próprio conhecimento.

Uma das contribuições do livro está em exemplificar casos em que o uso da internet auxiliou consideravelmente tanto na aprendizagem de alunos de diferentes níveis escolares, como no ensino pelo professor. Um segundo ponto positivo está na ênfase à inclusão digital na escola, como forma de inclusão social, uma vez que, no momento em que se constroem indivíduos capazes de interagir em variados ambientes, constroem-se também consciências mais críticas, mais aptas a participarem ativamente da sociedade. Uma terceira contribuição do livro reside na importância atribuída a se considerarem as variações linguísticas como formas de interação, contextualização e comunicação, diminuindo-se assim o preconceito relativo à língua. O livro é recomendado a todos os interessados no ensino de línguas, que, conscientes da importância das variedades linguísticas e discursivas e do ensino dessas variedades em contextos que lhes sejam peculiares, buscam na tecnologia uma ferramenta pedagógica para que a língua seja, de fato, apreendida como um instrumento dinâmico, social e interativo.

Diferentemente do exemplo 2.1, o texto do exemplo 2.5 inclui um trecho específico, onde a resenhadora avalia a contribuição específica do livro, além de fazer uma recomendação final da obra. As expressões destacadas nesse exemplo funcionam como marcadores dos estágios de apresentação (1), descrição (2), avaliação (3) e recomendação (4).

A linguagem usada em resenhas frequentemente inclui verbos no presente do indicativo para descrever a atualidade e a relevância do tema do livro ("O uso de ferramentas tecnológicas no âmbito do ensino vem crescendo significativamente nos últimos anos. A internet é uma das ferramentas que mais se destaca nesse contexto, principalmente no ensino de línguas, uma vez que se configura por variados recursos midiáticos, textos multimodais e gêneros textuais") e para descrever a organização do livro ("A obra divide-se em duas partes", "O livro se encerra com um capítulo de") e para avaliá-lo ("Uma das contribuições do livro está em", "O livro *é* recomendado a todos"). A linguagem é densamente avaliativa e, muitas vezes, inclui exemplos ou excertos do livro para ilustrar críticas ou elogios.

A alta frequência com que esses movimentos retóricos (apresentação, descrição, avaliação e recomendação) aparecem em resenhas nos permite construir uma descrição esquemática para o gênero, conforme demonstrado na figura 2.1:

---

1 APRESENTAR O LIVRO

Passo 1 informar o tópico geral do livro **e/ou**
Passo 2 definir o público-alvo **e/ou**
Passo 3 dar referências sobre o autor **e/ou**
Passo 4 fazer generalizações **e/ou**
Passo 5 inserir o livro na disciplina

2 DESCREVER O LIVRO

Passo 6 dar uma visão geral da organização do livro **e/ou**
Passo 7 estabelecer o tópico de cada capítulo **e/ou**
Passo 8 citar material extratextual

3 AVALIAR PARTES DO LIVRO

Passo 9 realçar pontos específicos

4 (NÃO) RECOMENDAR O LIVRO

Passo 10A desqualificar/recomendar o livro **ou**

Passo 10B recomendar o livro apesar das falhas indicadas

Figura 2.1: Descrição esquemática das estratégias retóricas usadas no gênero resenha (Motta-Roth, 1995, p. 143)

Conforme vimos nos exemplos, em cada um desses quatro estágios textuais – apresentar, descrever, avaliar e recomendar –, o resenhador pode empregar essas estratégias retóricas, escolhendo usar uma dessas alternativas ou todas.

Vimos também que, embora a avaliação seja a função que define o gênero resenha, ela não é seu único componente. Uma pesquisa anterior junto a editores de resenhas (Motta-Roth, 1998) revelou que há uma expectativa quanto à descrição detalhada do conteúdo e da organização do livro.

Logo, o gênero é, ao mesmo tempo, avaliativo e informativo, entretanto esse teor avaliativo varia entre as disciplinas, pois cada área tem seus próprios critérios de avaliação. Em química, por exemplo, a **recência** e o **objetivo** do livro devem ser explicitados.

> [editor de química]
>
> Um livro que traga novas informações ou jogue luz sobre velhas questões. Elementos como índices são importantes em um livro científico (Motta-Roth, 1998, p. 137).

A data das referências e o material visual (como índice, tabelas, gráficos), que geralmente ajudam os leitores a pegar a informação mais rápida e eficazmente, são importantes em química. Além disso, químicos desejam saber a amplitude do tratamento do assunto (superficial ou detalhada).

Em linguística, é importante que o resenhador informe o valor do livro para o **público-alvo** e estabeleça sua contribuição para inovar a área e responder às expectativas dos leitores:

> [editor de linguística]
>
> Novo e interessante para os leitores da revista, apresentando um novo modo de olhar o assunto, com uma visão clara dos argumentos presentes no livro (idem).

Em economia, há um crescente interesse pela matemática nas últimas décadas em função de que talvez, para um economista, "argumentos verbais não sejam tão contundentes ... como argumentos matemáticos" (Motta-Roth, 1995, p. 103-106).

> [editor de economia]
>
> A ideia de um bom livro em economia é um livro escrito claramente, bem argumentado, organizado por tópicos... Algo que não é uma releitura de material antigo. Pelo fato de a área ter se tornado mais matemática, os livros estão trazendo mais tabelas e gráficos, com mais material visual (Motta-Roth, 1998, p. 137).

A avaliação de resenhadores, portanto, é afetada por diferentes questões, tais como a natureza dos assuntos tratados, o tratamento dos dados e a velocidade com que os programas de pesquisa avançam em cada disciplina.

Em suma, podemos considerar que o gênero discutido neste capítulo serve para incrementar o diálogo acadêmico entre pesquisadores, seja numa relação de simetria entre resenhador dirigindo-se a seus pares, ou numa relação descendente em que o resenhador se coloca como um especialista opinando para um público-alvo de não iniciados. Uma relação de assimetria entre o autor do livro e o resenhador é outro fator que afeta o tom da avaliação feita. Para o editor de química, "muitas pessoas que normalmente resenhariam um livro em um dado assunto não querem resenhar um livro se ele for de um prêmio Nobel, por exemplo. Elas não querem ficar na posição de ter de fazer alguma crítica". Relações de simetria, por outro lado, podem resultar em textos mais explicitamente avaliativos com menos termos de mitigação como "talvez", "parece", "possivelmente" em oposição a termos de ênfase ("certamente").

Resenhadores em química tendem a adotar uma visão mais ampla do livro sem avaliações exaustivas, enquanto economistas e linguistas tendem a produzir uma argumentação mais extensa e elaborada (Motta-Roth, 1995, p. 263-265), com um discurso mais "literário" (McCloskey, 1981) com recursos metafóricos (Klamer, 1987). Essas estratégias diferentes de descrever e avaliar evidenciam que cada disciplina tem maneiras particulares de usar o mesmo gênero para a comunicação profissional. Novas publicações são criticadas em relação aos valores constituídos na disciplina correspondente. O resenhador, ao se comportar como membro de uma disciplina, refere-se a esses valores e, dessa forma, contribui para a formação de um sentido de comunidade em sua área de atuação (conforme já apontado, no passado, por Kuhn ([1962]1970, p. 184).

SUGESTÃO DE ATIVIDADES

1. Colete resenhas de seu interesse para fazer os exercícios a seguir em plataformas de periódicos como **<http://www.scielo.br>** ou em periódicos como **<www.comciencia.br> <http://www.comciencia.br/comciencia/?section=8&edicao=37&tipo=resenha>** ou ainda entre no Google **<www.google.com.br>** e pesquise a palavra-chave "resenhas". O Google lhe dará opções de outros *sites* que trazem exemplares do gênero.
2. Depois de escolher a resenha de seu interesse, leia-a e tente definir os estágios do texto.
3. Verifique como o resenhador analisa o livro em termos de "certeza/incerteza no comentário", "boa/má qualidade", "maior/menor importância" da obra (Hunston, 1994).
4. Verifique os recursos da linguagem empregados pelo resenhador para sinalizar estágios textuais diferentes: quando ele descreve e quando avalia.
5. Compare esses textos à descrição esquemática de resenha acadêmica reproduzida anteriormente e tente identificar pontos comuns entre eles.
6. Procure periódicos que tenham seção de resenhas e analise esses textos para ter uma ideia de como se resenha livros na sua área.
7. Escolha um livro para analisar. Defina as partes do livro de que você gosta mais e menos, selecione alguns termos de elogio e crítica para comentar essas partes, tente encontrar uma vantagem e uma desvantagem do livro, pense em qual seria sua recomendação final sobre a obra. Tente pensar nas razões que o (a) levaram a escolher o livro.
8. Escreva uma resenha de um livro. Imprima, leia, revise e edite seu texto.
9. Crie coragem! Imprima cópias de sua resenha para distribuir para os colegas, alunos e professores. Peça uma leitura crítica de seu texto. Depois de revisar mais uma vez o seu texto, submeta-o à publicação por uma revista científica.
10. Procure também criar, com outro colega, uma dinâmica de leitura recíproca de textos. Isso o(a) ajudará a desenvolver habilidades de revisão que serão preciosas quando você estiver produzindo seu próprio texto.
11. Observe a resenha do exemplo 2.6 e desenvolva as atividades de números 2 a 5 mencionadas acima.

Exemplo 2.6

S#2

Rev. Bras. Polít. Int., vol. 44 n°1 Brasília Jan./June 2001

Pio Penna Filho

Saraiva, José Flávio Sombra (org.). *Comunidade dos Países de Língua Portuguesa (CPLP): solidariedade e ação política*. Brasília: Instituto Brasileiro de Relações Internacionais, 2001, 203 p.

A obra organizada pelo professor José Flávio Sombra Saraiva, reconhecido estudioso das relações internacionais do Atlântico Sul, representa um primeiro ensaio publicado no Brasil sobre esse relevante tema. Oferecendo ao leitor um primeiro balanço da infanta instituição, criada em Lisboa em 1996, o livro tem como característica marcante "a qualidade didática de seus textos", conforme lembra o ex-chanceler Luiz Felipe Lampreia, ao prefaciá-lo.

Saraiva expressa, na introdução da obra, certa vontade apostólica de contribuir para a melhor compreensão, por parte da opinião pública brasileira, do papel que a CPLP vem procurando desempenhar desde sua criação. Nesse sentido, os capítulos que compõem a obra foram talhados por diferentes especialistas, escolhidos quer pela experiência na cooperação com os países africanos e no exercício de funções voltadas para a aproximação do Brasil a Portugal, na prática diplomática ou na gestão de projetos específicos, quer pela experiência de reflexão acumulada sobre as relações internacionais do Brasil com a África.

Há em comum o fato de os autores terem vínculos acadêmicos, diplomáticos e afetivos com o mundo da língua portuguesa e com os países que carregam esse patrimônio comum, elemento essencial na formação nacional e na afirmação internacional de todos os países comunitários. A CPLP – composta por Angola, Brasil, Cabo Verde, Guiné-Bissau, Moçambique, Portugal e São Tomé e Príncipe – está retratada como uma obra em construção, como um projeto em curso e como uma possibilidade de relançamento, de forma mais horizontal e sem o prisma do colonialismo, de relações do Brasil e de Portugal com a África. Os autores rejeitam a imagem de um passado comum dos povos de língua portuguesa, no contexto do Atlântico Sul e do Índico, marcado apenas pela afetividade natural.

A obra é aberta com o capítulo de Juliana Soares Santos. Ao indagar acerca das condições de criação da CPLP, incluindo suas motivações políticas, históricas e culturais, a autora aborda, em especial, a desvinculação dos interesses brasileiros na África das relações especiais que sempre animaram o relacionamento do Brasil com Portugal. Mas não deixa de perceber que a oficialização e a relevância da língua portuguesa na África, em consequência da independência, mantiveram os países que expressam essa língua naquele continente como membros potenciais da futura CPLP. O arcabouço institucional e os mecanismos de funcionamento da CPLP são igualmente explorados pela autora.

Saraiva, no capítulo atinente à dimensão político-diplomática da CPLP, explora a possibilidade de tal instituição vir a transformar-se em plataforma operacional para uma nova concertação entre seus Estados-membros. O autor propõe que a CPLP deva explorar a condição de ser formada por países pouco dotados de excedentes de poder em escala global para se conformar em fórum supletivo à promissora inserção internacional do conjunto de países que assinaram sua Declaração Constitutiva.

O organizador da obra nutre esperança de que a CPLP possa vir a desempenhar um papel um pouco mais ativo no concerto das nações. A mesma posição é compartilhada por Enilde Faulstich, no seu argumento central sobre o valor político da língua portuguesa. Argumentando que a CPLP é um lugar de falas múltiplas, a estudiosa observa, em especial, a evolução das discussões para a formação do Instituto Internacional da Língua Portuguesa e para a aprovação do Acordo Ortográfico.

Aos pilares da concertação político-diplomática e da valorização da língua portuguesa no mundo, agrega-se, na obra, a dimensão da cooperação econômica, científica, educacional e tecnológica no âmbito da CPLP. Na abordagem de Irene Gala, Alice de Abreu e Márcio Fernandes, a CPLP vem ganhando força por meio dos caminhos que se abrem no plano da cooperação, especialmente diante da possibilidade inédita do trabalho conjunto entre o Brasil e Portugal no aprofundamento de ações em relação aos países africanos de língua portuguesa.

Nessa mesma linha, o economista angolano José Gonçalves analisa o tema das relações econômicas no contexto da CPLP. Discutindo em especial as condições precárias com as quais os países africanos têm de lidar no início da nova década, Gonçalves enfatiza a necessidade do desenvolvimento de uma política mais ativa no campo material da CPLP.

Em conclusão, a obra organizada por Saraiva alcança seus objetivos fundamentais. Articula a informação com a aguda percepção crítica das oportunidades que se abrem para a CPLP no seio da sociedade internacional. Demonstra, ademais, o quanto o Brasil poderia fazer mais para que essa nascente instituição, dotada de personalidade jurídica internacional, possa deslanchar como parte de um projeto de relançamento da relativamente abandonada política africana do Brasil.

CAPÍTULO 3

PROJETO DE PESQUISA

Marcel Duchamp: "Roda de Bicicleta" ([1913] 1951)

3.1 O que é um projeto?

Qualquer atividade humana pode ser vista como uma conjugação de ações organizadas em torno de um objetivo, que dependem de uma série de passos a serem desenvolvidos em uma ordem preferível, envolvendo determinados objetos e pessoas.

Traçar objetivos, prever os passos necessários à realização das ações que nos levarão a alcançar os objetivos, decidir a ordem preferível em que esses passos devem ser desenvolvidos e identificar os objetos e pessoas necessários à realização das ações são todos elementos de um planejamento. A atividade de pesquisa é uma das atividades humanas que mais dependem de um planejamento prévio para que o(s) objetivo(s) projetado(s) seja(m) alcançado(s). Comumente o planejamento de uma pesquisa é chamado de ***projeto***[1].

As informações a serem incluídas em um projeto podem variar de acordo com a área do conhecimento, a instituição a que desejamos submeter nosso projeto, seja ela um órgão ou programa ou documental. O projeto também variará dependendo se a pesquisa é de campo, laboratorial ou bibliográfica. Assim, não entraremos no mérito da questão se a pesquisa é qualitativa ou quantitativa, se é exploratória, descritiva ou explicativa, se é uma pesquisa experimental, estudo de caso, pesquisa-ação. Este capítulo tem o objetivo de fornecer orientações gerais para a elaboração de um projeto de pesquisa. A partir de um roteiro geral que oriente um pesquisador iniciante para a prática de pesquisa como um todo, podem-se definir as especificidades de cada projeto. Todas as informações apresentadas aqui devem ser adequadas aos interesses do autor e do foco da pesquisa, bem como do órgão ao qual o planejamento de pesquisa será submetido.

De modo geral, é possível reconhecer um projeto (como qualquer outro gênero como a resenha ou o artigo científico) por algumas características como:

(a) o conteúdo de referência ao campo da ciência (itens lexicais que identificam conceitos, objetos e atores sociais relativos a uma determinada área de conhecimento, como os itens *sintoma*, *vacina* e *paciente* que identificam a área de medicina);

(b) o tom formal da linguagem, geralmente contendo termos técnicos e/ou abstratos e suas definições, ausência de interpelação do leitor por estruturas injuntivas (que interpelam o leitor, como "Sim, leitor, você vai se surpreender!");

(c) a estrutura do texto, geralmente organizado em partes que compõem a proposta da pesquisa:

- identificação ou dados do projeto (título, área de pesquisa etc.) e do seu autor (nome, instituição etc.);
- problemas, hipóteses e perguntas;
- justificativa;

---

[1] Exemplos de roteiro de projeto, do termo de consentimento livre e esclarecido (tcle) e do termo de confidencialidade ou termo de compromisso foram anexados ao final do capítulo.

- objetivos geral e específicos;
- síntese da literatura relevante;
- metodologia (recursos materiais e procedimentos);
- resultados e/ou impactos esperados;
- cronograma.

Frequentemente os projetos demandam financiamento para que sejam realizados. Nesse caso, incluem uma última seção intitulada orçamento.

É importante ressaltar um passo importante na formulação de um projeto de investigação: conhecer as práticas de pesquisa da área de conhecimento em questão e refletir sobre como um texto pode reconstruir essas práticas é fundamental para propor um estudo inovador. Primeiramente, devemos agir como um pesquisador investigando nossa própria área, em busca de problemas e temas relevantes, de discussões atuais, de conceitos em voga. Algumas perguntas servem de ponto de partida para nossa sondagem junto à literatura da área, a colegas pesquisadores, a professores orientadores etc.:

- O que a literatura da área aponta como problemas, metodologias e perspectivas de pesquisa?
- Que pesquisas estão em andamento nos grupos de pesquisa significativos na área?
- Quais são os conceitos em voga na área de conhecimento em que desejo propor a pesquisa?
- Quais são os temas relevantes para uma pesquisa?
- Que problemas de pesquisa são atuais?
- Que leituras preliminares são aconselhadas?
- Que abordagem sobre o problema é mais interessante?
- Quais são as metodologias de pesquisa em uso nessa área?

Esse levantamento gera um conjunto de informações para uma reflexão prévia que poderá embasar as escolhas envolvendo a pesquisa, como tema, metodologia ou enfoque teórico. Além disso, leituras preliminares ajudarão na escolha do conteúdo, do tom, da forma e da estrutura do texto do projeto, de modo que esse seja adequado ao modo como se pratica ciência em uma dada área.

O restante deste capítulo tem por objetivo explicar e detalhar cada uma das seções de um projeto de pesquisa de modo a fornecer um roteiro que guie sua elaboração.

3.2 Identificação

A seção de abertura de um projeto deve conter todos os elementos indispensáveis a sua identificação para fins de registro. Os seguintes elementos parecem ser úteis para quem deseja conhecer ou precisa avaliar um projeto:

- título do projeto (tente elaborar um título que expresse com precisão o tema ou problema do qual o projeto se ocupa);
- área de pesquisa (uma das áreas de conhecimento estipuladas pelo CNPq e disponíveis na tabela de áreas no *site* **www.cnpq.br**);
- autor e orientador (professor que orienta um trabalho de graduação, especialização, mestrado ou doutorado) ou coordenador (pesquisador que estará à frente de uma equipe de pesquisa);
- equipe envolvida no desenvolvimento do projeto (quando houver);
- instituição de realização (nome da universidade ou centro de pesquisa em que o autor da pesquisa desenvolverá o projeto);
- período de execução, com as datas previstas para o início e o término;
- local de realização, se for o caso.

3.3 Problemas, hipóteses e perguntas

A seção dedicada à apresentação do problema de pesquisa é aquela em que a intenção do pesquisador ou a pergunta que quer ver respondida deve ser claramente identificada, o problema sobre o qual se quer investigar é delimitado teórica e operacionalmente (Salomon, 1996), de modo que o leitor saiba o que dado problema representa em termos da dificuldade ou de lacuna no conhecimento atual.

Salomon (1996, p. 154) exemplifica a diferença entre tema e problema nos seguintes termos:

> — *tema*: o perfil da mãe que deixa o filho recém-nascido para adoção;
>
> — *problema*: quais condições exercem mais influência na decisão das mães em dar os filhos recém-nascidos para a adoção?

O exemplo demonstra que o tema é um campo semântico que estabelecemos dentro de conhecimento e o problema é um recorte dentro desse campo que delimita o que se quer estudar especificamente, o questionamento para o qual tentaremos encontrar respostas por meio da pesquisa. É útil pensar no problema como uma pergunta que se quer responder por meio de uma investigação.

O projeto de pesquisa é um planejamento do que vamos fazer para investigar um determinado problema. Mesmo antes de termos os resultados da investigação sobre como um problema surge ou funciona, ao projetarmos inicialmente a pesquisa, é possível que tenhamos uma teoria sobre esse problema, que tenhamos possíveis respostas para as perguntas que temos em mente. Essas teorias ou respostas prévias são as hipóteses.

Hipóteses são conjecturas (Luna, 1998, p. 33) que têm validade temporária, suposições provisórias, que respondem a determinado problema e que serão mantidas apenas enquanto forem autorizadas pelas evidências levantadas ao longo da pesquisa. Assim, muitas vezes uma hipótese inicial pode não ser confirmada pelos resultados da pesquisa ou, à medida que a pesquisa se desenrola, novas hipóteses vão surgindo. Gera-se uma hipótese a partir do estabelecimento de relações entre variáveis ou fenômenos:

> Há uma tendência genética para a obesidade", "o aumento da temperatura provoca a dilatação dos metais" etc.(...) A hipótese pode ser compreendida agora como uma relação hipotética entre duas variáveis: "se aquecermos um fio metálico, ele aumentará de comprimento", "filhos de pais obesos têm tendência a serem obesos". Em termos gerais, podemos dizer que as hipóteses são relações do tipo "se A, então B", isto é, se ocorrerem certos fenômenos do tipo A, então ocorrerão fenômenos do tipo B (Alves-Mazzoti, Gewandsznajder, 1998, p. 70).

Assim, uma hipótese pode ser testada em termos práticos: se A e B ocorrerem, então há uma relação entre as duas variáveis e a hipótese está confirmada. Senão, a hipótese está refutada.

Dependendo da área e da linha de pesquisa (leia-se: do tipo de ciência praticada), o projeto incluirá hipóteses ou apenas problemas e/ou perguntas. A elaboração de hipóteses é comum em estudos quantitativos, que buscam verificar, por exemplo, a frequência ou a abrangência com que um problema ocorre. Em pesquisas qualitativas, que visam analisar um problema em seu entorno, que procuram descobrir, por exemplo, as causas de um problema ou descrever as relações existentes entre o problema e o contexto em que ele ocorre, é incomum termos hipóteses e mais comum termos apenas perguntas ou "hipóteses de trabalho", geradas em decorrência da análise inicial dos dados (Alves-Mazzoti, Gewandsznajder, 1998, p. 157-158).

Perguntas de pesquisa são questionamentos elaborados para serem respondidos pelos resultados da pesquisa, portanto, ao elaborar o projeto, é importante refletir: com o planejamento que fizemos, conseguiremos obter evidências sobre o problema que desejamos estudar?

3.4 Justificativa

Esta parte do projeto serve para demonstrar a relevância, a originalidade e/ou a aplicabilidade do projeto. Em resumo, serve para responder à pergunta: "Por que e para que desenvolver este projeto, com estas características?" É o momento em que devemos ressaltar a inovação da pesquisa e/ou a relevância dos resultados para determinado grupo social ou para a sociedade como um todo (Santos, 1999, Vasconcelos, 2002). Essa seção é altamente argumentativa (dedicada a convencer o leitor a concordar com determinado argumento) e crucial para a obtenção de apoio financeiro e institucional. O objetivo é convencer o leitor da importância de ter o projeto implementado. Concordamos plenamente com alguns autores que chamam a atenção para o perigo de exagerar na promessa de resultados mirabolantes, pois tudo o que você ressaltar como razão para a execução da pesquisa gera expectativas quanto aos resultados futuros do projeto, portanto seja realista.

3.5 Objetivos

O objetivo geral de um projeto é "o que se espera vir a conseguir com a realização da pesquisa" (Luna, 1998, p. 36). É expresso por um verbo que represente uma ação que se deseja realizar (identificar, comparar, descrever, explicar, encontrar, verificar etc.). Esses verbos nos remetem a um estado de conhecimento de um estado de coisas como, por exemplo, *identificar* a composição de um problema, *descrever* seus componentes, *explicar* seu funcionamento ou *verificar* as causas da sua ocorrência. Para identificar o objetivo geral do projeto, devemos explicitar o que pretendemos realizar com a pesquisa:

(a) desenvolver determinados processos;

(b) chegar a determinados resultados; e/ou

(c) responder a determinadas perguntas.

Os objetivos específicos esclarecem o conteúdo do objetivo geral. Para definir os objetivos específicos, precisamos pensar em termos dos passos a serem seguidos para alcançarmos o objetivo geral. Para que (a), (b) ou (c) sugeridos acima se realize, que etapas devem ser seguidas ou que metas específicas devem ser atingidas?

3.6 Síntese da literatura relevante

A revisão da literatura (ver capítulo 5, "Revisão da literatura", neste volume) serve para demonstrar o que já se sabe sobre a temática, o problema em questão, o que as pesquisas desenvolvidas anteriormente demonstram.

Lembre-se de que pesquisa científica é uma empreitada comunitária, é a comunidade acadêmica de cada área, com seus objetos de estudo, raciocínios, sistema de valores, ferramental teórico, maneiras características de abordar os objetos de estudo e de escrever sobre eles, que validará uma pesquisa. Portanto, cada pesquisador deve conhecer sua área para poder propor qualquer projeto de investigação. Afinal:

> O melhor teste de relevância de um problema é o confronto com o que pesquisadores e profissionais vêm fazendo na área. É a explicitação da inserção de um problema de pesquisa mais delimitado no contexto maior de um programa de pesquisa (...) que confere relevância à pesquisa (Luna, 1999, p. 38-39).

A seção de revisão da literatura apresenta uma síntese dos textos lidos para formular e contextualizar o problema. Conceitos centrais devem ser definidos e pesquisas relevantes devem ser debatidas. Trata-se, aqui, de responder a perguntas como: "O que se sabe sobre o assunto?" "Quais são os conceitos mais relevantes na área do projeto?" "Quais são os conceitos centrais para que o leitor compreenda o projeto?"

3.7 Metodologia (também chamada de materiais e métodos)

Nesta seção, são descritos os procedimentos adotados e a natureza dos dados obtidos no estudo (cf. capítulo de metodologia neste volume). Explica-se a natureza da pesquisa (se o estudo é qualitativo, quantitativo, exploratório, empírico ou de outro tipo) e dos dados a serem obtidos, conforme demandado em cada caso específico.

O objetivo é responder a pergunta "como a pesquisa será desenvolvida?". Para tanto, deverão ser citados os elementos que a compõem:

- os participantes (as pessoas que fornecerão dados para a pesquisa ou a população envolvida no estudo, por exemplo);
- o *corpus* (o conjunto de dados que serão foco da análise, as amostras que serão coletadas);
- os procedimentos de coleta (como os dados serão identificados como tal) e de análise de dados (como serão interpretados ou associados a determinados significados). Também são descritos os instrumentos utilizados para isso (programas computacionais, instrumentos de laboratórios, pacotes estatísticos, por exemplo).

É importante questionar se o projeto que estamos elaborando pode atingir os direitos e liberdades do indivíduo. Nesse caso, deve responder às exigências dos órgãos subvencionadores nesse ponto (Contandriopoulos *et alii*, 1999, p. 98) e ser submetido ao crivo do comitê de ética da instituição onde será desenvolvido o projeto. Há uma rede de comitês de ética institucionais ligada ao SISNEP-Sistema Nacional de Informações sobre Ética em Pesquisa envolvendo seres humanos. Primeiramente você deve registrar seu projeto no SISNEP **<http://portal2.saude.gov.br/sisnep/pesquisador/menu_principal.cfm>** para depois encaminhar para aprovação do comitê de ética de sua instituição. Comumente se elabora um "consentimento livre e esclarecido" para que as pessoas envolvidas na pesquisa assinem e, assim, consintam com a divulgação dos resultados para fins de divulgação do conhecimento científico. Além disso, elabora-se um "termo de confidencialidade", em que o pesquisador assume o compromisso de utilizar os dados apenas para fins de pesquisa e de preservar a confidencialidade do material com informações sobre os sujeitos.

A investigação deve ser executada de acordo com o projeto aprovado, portanto qualquer alteração que possa afetar a garantia dos direitos e liberdades do indivíduo deve ser comunicada ao comitê de ética antes de ser implementada (idem, p. 99).

3.8 Resultados e/ou impactos esperados

No projeto, a seção de resultados e discussão (ver capítulo relativo a isso neste volume) também é das mais argumentativas, pois visa convencer o leitor de que os resultados e/ou impactos esperados na pesquisa serão benéficos, importantes, úteis, enfim, de relevância social, educacional, cultural, financeira etc. para determinado segmento social ou para o avanço da ciência em determinada área.

Cabe ressaltar aqui as publicações que resultarão do projeto, as orientações de alunos de pós-graduação e graduação envolvidas, as dissertações e teses que serão defendidas, as patentes que serão geradas/registradas, os produtos culturais que serão criados, entre outros resultados da pesquisa.

3.9 Cronograma

Para finalizar o projeto, as atividades a ele concernentes devem ser listadas, obedecendo a uma ordenação que corresponda às etapas de execução do mesmo, dentro do prazo de vigência do projeto como um todo.

É importante que o pesquisador identifique claramente, no projeto, cada etapa da pesquisa (estudos piloto ou preliminares, pré-testes, formação do pessoal da equipe, coleta e análise dos dados, redação do relatório, divulgação dos resultados) e que precise o tempo necessário para efetuar cada uma delas (Contandriopoulos *et alii*, 1999, p. 94).

Uma das estratégias visuais mais eficazes é a utilização de uma tabela que combine a explicação das tarefas (no eixo vertical) e o tempo dedicado a cada uma delas (no eixo horizontal), conforme o exemplo da tabela 3.1. Ao demonstrar o desenvolvimento cronológico da pesquisa a cada etapa, lembre-se de prever certa margem de tempo para poder lidar com imprevistos (Idem, ibidem).

Período de tempo / Tarefa	1	2	3	4	5	6	7	...	n
Levantamento da literatura relevante, leituras teóricas e fichamento	X	X							
Coleta e formatação do *corpus* em arquivos eletrônicos		X	X						
Análise qualitativa			X	X					
Análise quantitativa					X				
Organização e interpretação dos resultados					X	X	X		
Redação e apresentação de comunicações em congressos para divulgação dos resultados da pesquisa					X	X	X		
Redação de artigos para publicação em periódicos da área						X	X	X	
Organização da documentação necessária ao relatório e Redação do relatório									X

Tabela 3.1 - Cronograma do projeto

Para o(s) assistente(s) de pesquisa, quer seja(m) contemplado(s) com bolsa de pesquisa ou não, deve-se elaborar uma seção do projeto, intitulada "plano de atividades", na qual a participação do(s) mesmo(s) é explicada em relação a cada uma das referidas etapas. Cada tarefa deve ser explicada em função dos objetivos a serem alcançados e sua adequação cronológica demonstrada quanto ao desenvolvimento previsto no corpo do projeto.

3.10 Orçamento

A previsão orçamentária para um projeto compreende os recursos para sua implementação e a identificação das fontes financiadoras (Contandriopoulos *et alii*, 1999, p. 95), que devem ser detalhados conforme seu tipo e em rubricas diferenciadas: equipamentos e material permanente, material bibliográfico, material de consumo, passagens e diárias (para participação em eventos), entre outros:

- material de consumo (por exemplo, papel para impressão, cartucho de impressora, filme, tecido, tinta etc.);
- pagamento a pessoa física (*pro labore*);
- pagamento a pessoa jurídica (revelação de filmes, hospedagem, alimentação, xérox etc.);
- diárias (indicar quantidade e valor);
- passagens (tipo de transporte, quantidade, trajeto e valor);
- material permanente na forma de equipamentos (computador, gravador, filmadora, instrumentos musicais etc.).

Os custos devem ser calculados segundo um cronograma de desembolso para cada fase da pesquisa e devem ser justificados pela coerência com a metodologia adotada no projeto. Além disso, atente para as diretrizes de cada edital em termos do montante máximo de dispêndio em cada rubrica e para a aceitabilidade de certas categorias de despesa (idem, ibidem).

3.11 Bibliografia

Ao final do documento, todas (e apenas) as referências que aparecem citadas ao longo do projeto (especialmente aquelas da seção de revisão da literatura) devem ser identificadas e listadas em ordem alfabética.

No que diz respeito à apresentação propriamente dita dessas referências, a norma adotada na instância de avaliação do projeto deverá ser observada[2]. Você deverá formatar suas referências de acordo com as normas adotadas pelo órgão ao qual irá submeter seu projeto. Lembre-se de que cada tipo de fonte consultada (livro, capítulo, artigo em periódico, *sites* etc.) é referenciado de uma maneira específica.

Para finalizar este roteiro, vale relembrar:

(1) os itens constantes do projeto e sua extensão em número de páginas dependerão das normas estabelecidas pela instância avaliativa;

(2) é preciso ler com atenção cada edital publicado para se adequar ao limite de datas;

(3) é fundamental manter sempre seu Lattes[3] atualizado.

Faça sua proposta de pesquisa e não desanime se seu projeto não for aprovado ou aceito para financiamento. O esforço de pesquisa envolve várias tentativas nas suas diferentes instâncias.

A seguir, inserimos exemplos de roteiro de projeto, termo de consentimento livre e esclarecido (TCLE) e termo de confidencialidade ou termo de compromisso, retirados do sítio eletrônico da Pró-Reitoria de Pós-Graduação e Pesquisa da Universidade Federal de Santa Maria **<http://jararaca.ufsm.br/websites/cep/e8ca1f9d5c31a6e94d1133883e2e348a.htm>**.

Exemplo 3.1

ROTEIRO DE PROJETO

Estrutura do projeto de pesquisa

1 - Capa (com cabeçalho, título, nome dos pesquisadores responsáveis e colaboradores, data)
2 - Sumário
3 - Resumo (300 palavras, com introdução, justificativa, objetivos, métodos)
4 - Introdução e revisão da literatura
5 - Justificativa
6 - Objetivos (geral e específicos)

[2] De modo geral, no Brasil, usam-se as normas da ABNT (Associação Brasileira de Normas Técnicas), mas algumas instituições preferem observar um sistema interno, como o documento intitulado MDT, utilizado na Universidade Federal de Santa Maria.

[3] Currículo que qualquer pessoa pode formatar e disponibilizar, utilizando os recursos de edição e divulgação online da plataforma Lattes do CNPq <www.cnpq.br>.

7 - Métodos
  7.1 - Desenho do estudo
  7.2 - Amostra/população alvo
  7.3 - Critérios de inclusão e exclusão
  7.4 - Análise estatística
  7.5 - Aspectos éticos (procedimentos de abordagem do sujeito de pesquisa, riscos e benefícios da pesquisa, autonomia do sujeito de pesquisa, confidencialidade e privacidade das informações)
8 - Orçamento e fonte(s) de financiamento
9 - Cronograma
10 - Referências bibliográficas
11 - Anexos
  11.1 - Termo de consentimento livre e esclarecido (TCLE)
  11.2 - Termo de confidencialidade
  11.3 - Instrumento de coleta de dados

TERMO DE CONSENTIMENTO LIVRE E ESCLARECIDO (TCLE)

Definição

O respeito devido à dignidade humana exige que toda pesquisa se processe após consentimento livre e esclarecido dos sujeitos, indivíduos ou grupos que por si e/ou por seus representantes legais manifestem a sua anuência à participação na pesquisa.

Forma e estrutura

O documento deve ser redigido em linguagem clara e acessível (evitar termos técnicos) aos sujeitos e necessita incluir os seguintes elementos:

(a) cabeçalho com informações sobre a instituição promotora e identificação do pesquisador responsável, telefone e endereço para contato;
(b) título, justificativa e objetivos da pesquisa;
(c) descrever os procedimentos adotados (questionários, testes, gravações etc.);
(d) descrever os desconfortos e riscos possíveis e os benefícios esperados;
(e) os métodos alternativos existentes, quando se tratar de estudos de métodos diagnósticos ou terapêuticos;
(f) descrever a forma de acompanhamento e assistência, assim como seus responsáveis, no caso de estudos de intervenção terapêutica;
(g) citar a garantia de esclarecimentos ao sujeito de pesquisa, antes e durante o curso do estudo, com o CEP ou o pesquisador responsável;
(h) incluir a liberdade de o sujeito se recusar a participar ou retirar seu consentimento, em qualquer fase da pesquisa, sem penalização alguma e sem prejuízo ao seu cuidado;
(i) a garantia do sigilo que assegure a privacidade dos sujeitos quanto aos dados confidenciais envolvidos na pesquisa;

(j) citar as formas de ressarcimento das despesas decorrentes da participação na pesquisa, caso seja necessário (exemplo: refeições, transporte);
(k) as formas de indenização diante de eventuais danos decorrentes da pesquisa, se aplicável;
(l) nome, assinatura e data do sujeito de pesquisa ou responsável; nome, assinatura e data do pesquisador responsável pela aplicação do termo de consentimento; e
(m) endereço completo do CEP da instituição.

TERMO DE CONFIDENCIALIDADE ou
TERMO DE COMPROMISSO

Definição

Termo elaborado pelo pesquisador responsável nas situações de impossibilidade de obtenção do termo de consentimento informado dos sujeitos de pesquisa. Utilizado nas pesquisas de bases de dados, de registros de prontuários e de pesquisas com material biológico. Deve conter informações sobre o local, o tempo e o responsável pela guarda dos dados, além do destino final do material armazenado. Deve garantir que os dados serão utilizados especificamente para aquela pesquisa, com garantia de privacidade e confidencialidade.

Forma e estrutura

TERMO DE CONFIDENCIALIDADE

(Modelo de termo de compromisso do pesquisador para utilização de dados e preservação do material com informações sobre os sujeitos)

Título do projeto:
Pesquisador responsável:
Instituição/Departamento:
Telefone para contato:
Local da coleta de dados:

Os pesquisadores do presente projeto se comprometem a preservar a privacidade dos pacientes cujos dados serão coletados............ [em prontuários e bases de dados, através de gravação, filmagem - especificar conforme o caso] da (clínica ou local) .... Concordam, igualmente, que essas informações serão utilizadas única e exclusivamente para execução do presente projeto. As informações somente poderão ser divulgadas de forma anônima e serão mantidas no (a)........... (local onde serão armazenados os dados) por um período de......... (meses/anos) sob a responsabilidade do (a) Sr. (a) .... Após este período, os dados serão destruídos. Este projeto de pesquisa foi revisado e aprovado pelo Comitê de Ética em Pesquisa da UFSM em ...../....../......., com o número do CAAE

....

[Nome (ou carimbo), CI, Registro Profissional (se houver) e assinatura do pesquisador responsável] ....

(Cidade), ...de ....de 20......

CAPÍTULO 4 ARTIGO ACADÊMICO: INTRODUÇÃO

Pablo Picasso: "A Refeição" (1953)

4.1 O que é um artigo acadêmico?

O artigo é um texto, de aproximadamente 10 mil palavras, produzido com o objetivo de publicar, em periódicos especializados, os resultados de uma pesquisa desenvolvida sobre um tema específico. Esse gênero serve como uma via de comunicação entre pesquisadores, profissionais, professores e alunos de graduação e pós-graduação.

Na atualidade, o conhecimento gerado na atividade de pesquisa é primordial para o avanço das várias profissões que compõem a sociedade. A atividade de pesquisa está essencialmente ligada ao meio universitário, onde professores e alunos desenvolvem estudos avançados e pesquisas que, mais tarde, se tornarão públicas por meio de apresentações em congressos, mas principalmente, por meio da publicação de artigos. Esse conhecimento será gradativamente reescrito e recontextualizado na forma de informações simplificadas a serem publicadas na forma de textos de popularização da ciência em outros contextos como jornais e revistas de comunicação de massa para que o público em geral vá assimilando os avanços da ciência.

Não se esqueça de que até bem pouco tempo, algo que acontece ainda hoje, as pessoas pensavam que o Sol girava em torno da Terra. Foi preciso muito estudo, discussões (e algumas fogueiras da Inquisição) para que, por meio da divulgação desse saber, qualquer criança atualmente na 5ª série do ensino fundamental tenha o direito de saber como se dá a rotação terrestre. Esse conhecimento hoje tão simples já foi algo extremamente acadêmico, limitado a um círculo fechado de doutos senhores (havia pesquisador<u>as</u> antes, durante e depois da Idade Média, mas elas foram ignoradas nos relatos da história da ciência. Mas isso já é assunto para outro livro!).

As informações geradas na pesquisa, ao serem submetidas à apreciação e aprovação (ou condenação) pública, são, aos poucos, absorvidas pela sociedade mais ampla, servindo de suporte para tomadas de decisão em diferentes instâncias como governos, empresas, indústrias, comércio, escolas e famílias. Assim, é importante que examinemos mais de perto o sistema de circulação de informação científica. Como o artigo acadêmico é o gênero textual mais conceituado na divulgação do saber especializado acadêmico, concentraremos nossa atenção nele.

A título de generalização, um artigo pode ser visto como um documento escrito por um ou mais pesquisadores para relatar os resultados de uma atividade de investigação. Cada área e cada problema de pesquisa determinam o modo como a pesquisa será desenvolvida e, como consequência, a configuração final do artigo que relatará a pesquisa. Há o artigo de revisão teórica, que relata uma pesquisa que consiste em um levantamento de toda a literatura publicada sobre um tema (o conceito de identidade na sociologia ou o mal de Alzheimer, por exemplo) em determinado período de tempo (nos últimos vinte anos, de 2000-2010 etc.). Há o artigo experimental, que relata um experimento montado para fins de testagem de determinadas hipóteses (testagem dos efeitos de impulsos elétricos no tratamento de depressão por meio de levantamento estatístico em um grupo de pacientes).

Há os chamados artigos científicos empíricos, em que o autor ou autores não relatam uma pesquisa desenvolvida em um ambiente experimental controlado, mas reportam a observação direta dos fenômenos conforme percebidos pela experiência (a análise das representações sociais sobre a mulher conforme observadas nos textos que circulam na mídia e nas entrevistas com os jornalistas autores dos textos). Note que, em algumas áreas como astrofísica, artigos experimentais são impensáveis: "Não se pode fazer um experimento com uma estrela ou uma galáxia do mesmo modo como se pode realizar um experimento com um composto químico ou uma planta". Nesse caso, os artigos de astrofísica se estruturam mais como argumentações lógicas do que como relatos de análise de dados (Swales, 2004, p. 207).

Embora haja tipos diferentes de artigos acadêmicos, ficaremos circunscritos a **artigos experimentais e empíricos**, cujo objetivo é apresentar e discutir dados sobre determinado problema dentro de uma área de conhecimento específica e fazer interpretações na forma de resultados de pesquisa. Conforme vimos sinteticamente no capítulo 1, o artigo experimental pode ser descrito em termos de:

- objetivo (apresentar os resultados de um experimento);
- forma (10 a 20 páginas, incluindo as referências);
- publicação (em periódicos acadêmicos);
- atividades que o autor desenvolve (selecionar a bibliografia, delimitar e analisar um problema, discutir e avaliar os resultados do estudo frente à pesquisa prévia na área).

Neste capítulo, discutiremos essas questões mais detalhadamente, com especial atenção para a seção de introdução de artigos acadêmicos, onde se constroem o contexto de pesquisa, o problema e os objetivos do trabalho da pesquisa reportada no artigo. É importante ressaltar a introdução como a parte do artigo onde se justifica a importância da pesquisa, isto é, onde são apontadas razões para a realização do estudo, da escolha do tema e do problema da pesquisa, bem como da base teórica e/ou metodológica.

4.2 Razões para se escrever um artigo

O artigo tem como objetivo básico reportar um estudo. No entanto, para que essa informação circule e tenha impacto na área de conhecimento, o leitor precisa estar convencido de que o estudo reportado tem relevância para a área do saber em que a pesquisa se inscreve (neurologia, botânica, educação, sociologia ou economia, por exemplo) e que tem adequação às práticas de pesquisa e de argumentação usadas nessa disciplina.

Para demonstrar isso, o autor descreve o estudo, expõe e avalia seus resultados, conclui e argumenta, utilizando as convenções próprias àquela área. Cada área tem uma cultura própria que se traduz em um objeto de estudo próprio (numa analogia rudimentar, pode-se dizer que o uso da linguagem é o objeto de estudo na área de letras assim como a saúde bucal na área de odontologia). Isso resulta em modos particulares de construir objetivos e procedimentos, padrões para propor argumentos, maneiras de usar a linguagem (estilo e vocabulário técnico), de argumentar e de refletir sobre problemas na área. O capítulo 2 discute essa variabilidade, existente entre as disciplinas, no modo de se apropriar de um gênero. A resenha foi usada como exemplo para ilustrar como diferentes culturas disciplinares elaboram maneiras próprias de construir e avaliar conhecimento em textos dentro de um mesmo gênero.

A seguir, veremos como iniciar a redação do artigo a partir de conceitos centrais a uma área de interesse.

4.3 Por onde começamos a escrever o artigo acadêmico?

Conforme indicado no capítulo 1, o autor de um artigo busca demonstrar habilidade para:

(1) selecionar as referências bibliográficas relevantes ao assunto;

(2) refletir sobre estudos anteriores na área;

(3) delimitar um problema ainda não totalmente estudado na área;

(4) elaborar uma abordagem para o exame desse problema;

(5) delimitar e analisar um conjunto de dados representativo do universo sobre o qual deseja alcançar generalizações;

(6) apresentar e discutir os resultados da análise desses dados;

(7) finalmente, concluir, elaborando generalizações a partir desses resultados, conectando-as aos estudos prévios dentro da área de conhecimento em questão.

Na medida em que o autor vai construindo seu texto, há uma progressão da informação do item 1 até o item 7, em quatro seções que podem ser definidas como[1]: introdução, metodologia, resultados e discussão. Essa progressão pode ser descrita como a passagem de uma visão geral da disciplina, em que situa o conhecimento estabelecido e o que ainda falta descobrir sobre o problema (seções 1, 2 e 3), passando por uma descrição detalhada de como a pesquisa foi desenvolvida e que dados ela obteve (4 e 5), até a interpretação dos dados como evidências de dado fenômeno e a demonstração da relevâncias desses resultados para o conhecimento inicialmente descrito como estabelecido, questionando-o ou reafirmando-o (6 e 7). O texto avança do conhecimento amplamente aceito na área para a geração de um novo conhecimento específico e deste de volta para a área.

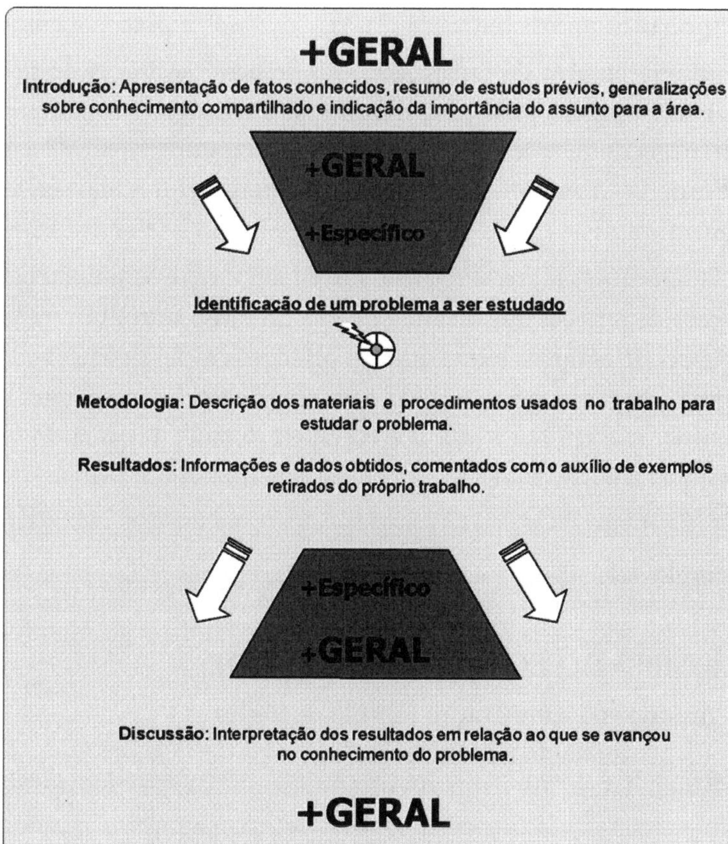

Figura 4.1: O artigo científico[2]

[1] O título dessas seções podem ser esses mesmos ou podem se referir ao objetivo ou tema da respectiva seção. Assim, a introdução pode receber um título como: "contextualização do problema" ou a metodologia pode ser renomeada como "a implementação da pesquisa".

[2] Adaptação da figura elaborada por Hill, Soppelsa e West (1982, p. 335).

A figura 4.1 demonstra essa dinâmica textual do artigo acadêmico. Em princípio, a **transição do geral para o específico**, de uma visão ampla da disciplina para a focalização do tópico de interesse, atraindo a atenção do leitor para um nicho no conhecimento na área. Já na conclusão, há uma nova **transição do específico para o geral**, em que o foco se amplia gradativamente em direção às questões gerais da disciplina e à solução do problema apontado na introdução. Nesse ponto, são apresentadas algumas implicações da pesquisa para a área e a conclusão do estudo. Assim, as questões mencionadas na introdução são retomadas na discussão de tal maneira que essas duas seções podem ser vistas como imagens espelhadas uma da outra.

Uma última ressalva de ordem geral diz respeito ao início do processo de escrita de um artigo. Ao planejar a redação de um artigo, é importante termos alguma estratégia de geração de ideias. Um possível ponto de partida para a construção do artigo é o conjunto de conceitos centrais organizados em um **mapa semântico**.

Conceitos centrais expressam o foco do trabalho: ao se combinarem, estabelecem uma rede de relações que delimita o tema do nosso texto. Em termos gerais, essas expressões **orientam o leitor** sobre as principais ideias desenvolvidas no texto, ao mesmo tempo em que **auxiliam o escritor** a delimitar e manter constante a linha de discussão em seu texto. Por exemplo, durante a leitura do *abstract* da página seguinte, é possível identificar conceitos centrais do trabalho:

Exemplo 4.1

L#2

ROMPENDO COM A VERTICALIDADE:

Autonomia e motivação na aula de inglês mediada por computador*

O advento das tecnologias intelectuais eletrônicas e o crescente número de usuários da internet vêm introduzindo novas configurações sociais e culturais nas práticas discursivas adotadas em determinados contextos (Howard, 1997). Especificamente na sala de aula de línguas, o processo de ensino-apredizagem mediado por computador traz à tona noções como a de autonomia e motivação do aluno. Tais noções se evidenciam no uso de ambientes de aprendizagem alternativos em que os alunos podem colaborar e interagir em pares ou grupos em ambientes virtuais não centralizados na figura do professor. Este estudo investiga a interação escrita de alunos de inglês da UFSM em relação a sinais de autonomia e motivação nas aulas mediadas por computador. Foi possível identificar a autonomia em instâncias de negociação entre os alunos que buscavam respostas satisfatórias a todos, na autocorreção decorrente dessas negociações, e nas tentativas de 'reparar' respostas de colegas. Aspectos de motivação foram encontrados em atividades que os alunos faziam além das solicitadas, participação, atenção, curiosidade e avaliação positiva mostrada pelos alunos ao final do semestre. O deslocamento do centro de atenção do professor para o grupo de alunos contribui para o desenvolvimento da autonomia do aluno, já que a interação do grupo durante a aula se baseia na negociação dos membros do grupo acerca do rumo a ser tomado na interação. Pode-se considerar que um aluno autônomo é aquele que reflete criticamente, negocia decisões e age dinamicamente com o grupo e com o/a professor/a durante seu processo de aprendizagem. Por outro lado, a introdução da tecnologia na sala de aula de inglês parece resultar numa maior motivação do aluno para o uso efetivo da língua estrangeira para a comunicação.

***Resumo da palestra apresentada no III Seminário do Projeto Salínguas Pesquisa em sala de aula de línguas. Rio de Janeiro: Faculdade de Letras, UFRJ, 1999.**

Conceitos centrais aparecem recorrentemente ao longo do texto.

Se nos detivermos sobre as quatro palavras-chave (como internet) e suas variações (tecnologias intelectuais eletrônicas e ambientes virtuais) do *abstract* acima, conseguiremos construir uma representação esquemática do todo do texto a que chamamos de mapa semântico do trabalho, conforme a figura 4.2.

Figura 4.2: Exemplo de mapa semântico

A partir da identificação dessas quatro palavras, poderíamos perguntar *"sobre o que é o trabalho?"* e formular uma resposta conforme o texto no exemplo 4.2. É importante notar que o título (*Rompendo com a verticalidade: autonomia e motivação na aula de inglês mediada por computador*) busca sintetizar o trabalho e, portanto, se relaciona com algumas das palavras-chave indicadas.

Exemplo 4.2

L#2

O trabalho é sobre tecnologias intelectuais eletrônicas (como os ambientes virtuais da internet) e sua contribuição para o desenvolvimento da autonomia e da motivação do aluno de línguas nos processos de ensino-aprendizagem mediado por computador.

A utilização de palavras-chave na geração de ideias iniciais para um texto tem se provado muito produtiva no curso de redação acadêmica ministrado anualmente, desde 1995, no Laboratório de Pesquisa e Ensino de Leitura e Redação (LABLER), da Universidade Federal de Santa Maria. A experiência com escritores novatos demonstra que a síntese de um artigo na forma de mapa semântico, formado por conceitos de base, é um recurso de fundamental importância na geração de uma estrutura conceitual inicial para o artigo, especialmente para alunos de graduação e mestrado com pouca experiência de redação de textos de pesquisa.

4.4 A seção de introdução

Uma vez estabelecido o tema central do trabalho por meio desse mapa semântico, devemos nos dedicar a contextualizar o problema de pesquisa dentro da área de conhecimento pertinente a ele, bem como nos concentrar no objetivo e na justificativa do estudo. Essas questões compreendem a introdução do artigo.

Conforme indicado na seção anterior, nosso ponto de partida para a redação do texto será o estabelecimento das palavras-chave. A figura 4.3 ilustra exemplos de palavras-chave para um trabalho na área de medicina, especificamente em saúde pública.

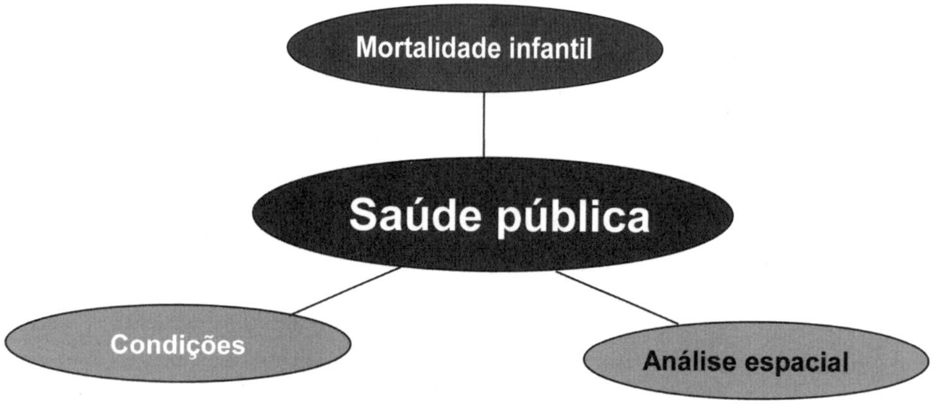

Figura 4.3: Mapa semântico em Medicina (Saúde Pública)

Geralmente, variações dessas palavras-chave se repetirão na introdução[3], auxiliando tanto o escritor/leitor a identificar o assunto tratado no texto. Os autores do artigo reproduzido no exemplo 4.3, publicado num periódico da área de medicina, escolheram as três palavras-chave do nosso campo semântico da figura 4.3: **mortalidade infantil**, **condições sociais** e **análise espacial**. Veja como essas palavras são usadas repetidamente, ao longo do texto, para manter a continuidade

[3] Nas ciências humanas, é comum a inserção dos mesmos termos no título do artigo e na citação das palavras-chave, logo abaixo do *abstract*. Nas ciências rurais, é prática comum a inserção de termos diferentes no título e nas palavras-chave. Uma explicação é que se título e palavras-chave são construídos por termos diferentes, isso aumenta as chances de um mecanismo buscador encontrar um dado texto na internet, em uma biblioteca, em um banco de dados etc.

das informações e a coesão (a "costura") entre as sentenças. Observe também que as informações são apresentadas aos poucos e repetidamente: primeiramente **mortalidade infantil**, em seguida **condições sociais** e, por último, **análise espacial.**

Exemplo 4.3

M#1

Mortalidade infantil e condições de vida: a reprodução das desigualdades sociais em saúde na década de 90

M. da C. N. Costa, P. de A. Azi, J. S. Paim, L. M. V. da Silva

Palavras-chave: mortalidade infantil; condições sociais; análise espacial

As palavras-chave geralmente aparecem ao longo da **introdução**

INTRODUÇÃO

A estreita relação que a mortalidade infantil apresenta com os fatores sociais e econômicos é reconhecida há muito tempo e tem sido evidenciada em diversos estudos latino-americanos (Behm, 1980; Monteiro, 1982; Paim *et alii*, 1987; Yunes, 1983). Em virtude da grande vulnerabilidade que as crianças com menos de 1 ano de idade apresentam em face das alterações ocorridas no ambiente social e econômico e das intervenções de saúde (Murray, 1988), a mortalidade nessa faixa etária é considerada como um indicador tanto da situação de saúde, quanto das condições de vida de uma população (Grant, 1992). Entretanto, estudos realizados em países em desenvolvimento têm demonstrado que essa vinculação deixou de ser tão evidente, visto que, apesar da crise econômica mundial observada a partir dos anos 1980, não ocorreu uma reversão da tendência decrescente que esta mortalidade vinha exibindo (Ageitos *et alii*, 1991).

Na América Latina, uma das consequências dessa crise foi o agravamento das desigualdades sociais. Todavia, em vários países verificou-se a manutenção e mesmo uma intensificação da queda que vinha sendo registrada nas taxas de mortalidade infantil (Silva & Duran, 1990). Esse panorama contribuiu para que as questões relativas às desigualdades em saúde passassem a ser privilegiadas na demonstração empírica dos diferenciais socioeconômicos do processo saúde-doença e, por conseguinte, na identificação de grupos populacionais submetidos a riscos mais elevados (Breilh, 1990). Algumas organizações internacionais de saúde passaram a orientar os investigadores no sentido de dirigir seus esforços para a elaboração de novos métodos e técnicas que possibilitassem discriminar melhor a situação de saúde segundo as condições de vida (OPS, 1992; WHO, 1991).

Diante das dificuldades para operacionalizar o conceito de classe social, alguns autores têm se inclinado para o emprego de indicadores compostos por diferentes variáveis socioeconômicas que permitem uma aproximação das condições materiais de existência de grupos humanos de uma sociedade (Castellanos, 1990). Outra abordagem empregada na apreensão dos processos envolvidos na determinação da doença na população tem sido aquela na qual as relações sociais também são entendidas como determinantes do padrão de ocupação do espaço de uma cidade. Assim, os indicadores tradicionais de saúde são estimados para áreas geográficas com menor nível de agregação, tendo como referência, ainda que nem sempre explicitada, a consideração de que o padrão espacial da cidade é definido pelas relações sociais decorrentes do modo de produção econômica (Santos, 1980), e que a evolução do espaço é concomitantemente uma condição e uma consequência da evolução de uma sociedade global (Santos, 1979).

Paim (1997) imputa às condições de vida de cada classe social o papel de mediação dos determinantes estruturais da saúde. Para operacionalizar esse conceito, utiliza indicadores sociais e econômicos selecionados, considerando que uma abordagem a partir dos distintos espaços da cidade, ocupados por diferentes grupos populacionais, permite uma aproximação da realidade, apesar da sua complexidade.

Embora seja bastante antigo o emprego da distribuição espacial para descrever a ocorrência da doença, em geral, essa abordagem restringia-se à comparação de diferenças internacionais e regionais, em que fatores ambientais/climáticos eram apresentados como principais determinantes das desigualdades encontradas. Mais recentemente, essa estratégia vem sendo uma das mais utilizadas para analisar a influência de fatores demográficos, socioeconômicos e de atenção à saúde na determinação e explicação da variação da mortalidade infantil (Gonçalo-Perez & Herrera-Leon, 1990; Lardelli *et alii*, 1993; Zurriaga-Llorens *et alii*, 1990).

No Brasil, esse tipo de enfoque revelou uma grande heterogeneidade na distribuição espacial dos óbitos de menores de um ano no Rio Grande do Sul (Victora *et alii*, 1994), em Porto Alegre (Guimarães & Fischmann, 1986) e em São Paulo (Monteiro *et. alii*, 1980; Yunes, 1983).

Também em Salvador, BA, em 1980, foi demonstrada uma acentuada desigualdade na ocorrência das mortes infantis quando distribuídas nas diferentes zonas de informação desse município (Paim *et alii*, 1987), que se manteve entre os anos 1980-1988, apesar de os níveis desta mortalidade terem decrescido (Paim & Costa, 1993).

Considerando a complexidade e o dinamismo dos processos que envolvem a mortalidade infantil, faz-se necessário seu contínuo acompanhamento, de modo que se possa dispor de informações que permitam a análise da situação de saúde no nível local e a adoção de medidas de controle pertinentes. Assim, o presente trabalho tem como objetivos descrever a evolução da mortalidade infantil em Salvador entre os anos de 1991 e 1997 e analisar a relação existente entre a distribuição espacial dessa mortalidade e as condições de vida da população do município em 1991 e 1994.

Na introdução, o autor geralmente indica a relevância do tema, revisa itens de pesquisa prévia e faz generalizações sobre o assunto que será tratado no artigo. A relevância do tema é sinalizada por passagens que apontam as lacunas no conhecimento ou a dificuldade na solução de problemas correspondentes. O objetivo é estabelecer uma base de conhecimento compartilhado com o leitor para contextualizar a questão de pesquisa.

A introdução define determinado campo de conhecimento como se este fosse um vasto *território de investigação.*

Exemplo 4.4

M#1

A estreita relação que a mortalidade infantil apresenta com os fatores sociais e econômicos é reconhecida há muito tempo e tem sido evidenciada em diversos estudos latino-americanos (Behm, 1980; Monteiro, 1982; Paim *et alii*, 1987; Yunes, 1983). Em virtude da grande vulnerabilidade que as crianças com menos de 1 ano de idade apresentam em face das alterações ocorridas no ambiente social e econômico e das intervenções de saúde (Murray, 1988), a mortalidade nessa faixa etária é considerada como um indicador tanto da situação de saúde, quanto das condições de vida de uma população (Grant, 1992). Entretanto, estudos realizados em países em desenvolvimento têm demonstrado que essa vinculação deixou de ser tão evidente, visto que, apesar da crise econômica mundial observada a partir dos anos 1980, não ocorreu uma reversão da tendência decrescente que esta mortalidade vinha exibindo (Ageitos *et alii*, 1991).

Na América Latina, uma das consequências dessa crise foi o agravamento das desigualdades sociais. Todavia, em vários países verificou-se a manutenção e mesmo uma intensificação da queda que vinha sendo registrada nas taxas de mortalidade infantil (Silva & Duran, 1990). Esse panorama contribuiu para que as questões relativas às desigualdades em saúde passassem a ser privilegiadas na demonstração empírica dos diferenciais socioeconômicos do processo saúde-doença e, por conseguinte, na identificação de grupos populacionais submetidos a riscos mais elevados (Breilh, 1990). Algumas organizações internacionais de saúde passaram a orientar os investigadores no sentido de dirigir seus esforços para a elaboração de novos métodos e técnicas que possibilitassem discriminar melhor a situação de saúde segundo as condições de vida (OPS, 1992; WHO, 1991).

Diante das dificuldades para operacionalizar o conceito de classe social, alguns autores têm se inclinado para o emprego de indicadores compostos por diferentes variáveis socioeconômicas que permitem uma aproximação das condições de existência de grupos humanos de uma sociedade (Castellanos, 1990). Outra abordagem empregada na apreensão dos processos envolvidos na determinação da doença na população tem sido aquela na qual as relações sociais também são entendidas como determinantes do padrão de ocupação do espaço de uma cidade.

Assim, os indicadores tradicionais de saúde são estimados para áreas geográficas com menor nível de agregação, tendo como referência, ainda que nem sempre explicitada, a consideração de que o padrão espacial da cidade é definido pelas relações sociais decorrentes do modo de produção econômica (Santos, 1980), e que a evolução do espaço é concomitantemente uma condição e uma consequência da evolução de uma sociedade global (Santos, 1979).

Paim (1997) imputa às condições de vida de cada classe social o papel de mediação dos determinantes estruturais da saúde. Para operacionalizar esse conceito, utiliza indicadores sociais e econômicos selecionados, considerando que uma abordagem a partir dos distintos espaços da cidade, ocupados por diferentes grupos populacionais, permite uma aproximação da realidade, apesar da sua complexidade.

No exemplo 4.4, os autores abrem o primeiro parágrafo com uma generalização sobre o tema da mortalidade infantil: "A estreita relação que a mortalidade infantil apresenta com os fatores sociais e econômicos é reconhecida há muito tempo". Ao fazer uma generalização, o autor afirma (ou nega) algo sobre o tema em questão. Por ter um caráter de generalidade e de conhecimento estabelecido (em oposição a conhecimento novo), a generalização muitas vezes dispensa citação do autor ou do ano da publicação que gerou a informação.

Em seguida, os autores revisam sinteticamente a literatura sobre pesquisas prévias acerca do tema. Além da citação de trabalhos relevantes por meio da referência ao nome do autor e à data de publicação (por exemplo, "Monteiro, 2008"), essa revisão da literatura é indicada por expressões que remetem às pesquisas feitas na área, tais como

(1) verbos e substantivos relativos ao processo experimental ("investigadores", "têm verificado", "uma grande incidência em amostras coletadas");

(2) verbos no passado composto ("tem sido", "vem sendo" etc.) para aludir à atividade de pesquisa como um processo que começou no passado e se estende até o presente ("tem sido objeto de muitas pesquisas", "vem sendo evidenciada em diversos estudos").

Uma terceira estratégia usada pelos autores para fazer alusão a um corpo de conhecimento existente é alertar para a importância do assunto na área, por meio de

(1) ênfase na repercussão do problema ("grande vulnerabilidade que as crianças com menos de um ano de idade apresentam");

(2) referência explícita ao interesse de outros pesquisadores sobre o assunto ("tem sido evidenciada em diversos estudos latino-americanos", "Algumas organizações internacionais de saúde passaram a orientar os investigadores no sentido de dirigir seus esforços para a elaboração de novos métodos e técnicas").

Aqui (como também em artigos de outras áreas), a medicina é mostrada como um território "povoado" por pesquisadores, onde muitos estudos já foram realizados e muitos achados já estão sedimentados, conforme a revisão da literatura indica. No entanto, os autores identificam lacunas ainda por preencher no conhecimento estabelecido.

Exemplo 4.5

M#1

Embora seja bastante antigo o emprego da distribuição espacial para descrever a ocorrência da doença, em geral, essa abordagem restringia-se à comparação de diferenças internacionais e regionais, em que fatores ambientais/climáticos eram apresentados como principais determinantes das

> Identificar lacunas no conhecimento existente na área.

desigualdades encontradas. Mais recentemente, essa estratégia vem sendo uma das mais utilizadas para analisar a influência de fatores demográficos, socioeconômicos e de atenção à saúde na determinação e explicação da variação da mortalidade infantil (Gonçalo-Perez & Herrera-Leon, 1990; Lardelli *et alii*, 1993; Zurriaga-Llorens *et alii*, 1990).

No Brasil, esse tipo de enfoque revelou uma grande heterogeneidade na distribuição espacial dos óbitos de menores de um ano no Rio Grande do Sul (Victora *et alii*, 1994), em Porto Alegre (Guimarães & Fischmann, 1986) e em São Paulo (Monteiro *et alii*, 1980; Yunes, 1983).

Também em Salvador, Bahia, em 1980, foi demonstrada uma acentuada desigualdade na ocorrência das mortes infantis quando distribuídas nas diferentes zonas de informação desse município (Paim *et alii*, 1987), que se manteve entre os anos 1980-1988, apesar de os níveis desta mortalidade terem decrescido (Paim & Costa, 1993).

Considerando a complexidade e o dinamismo dos processos que envolvem a mortalidade infantil, faz-se necessário seu contínuo acompanhamento, de modo que se possa dispor de informações que permitam a análise da situação de saúde no nível local e a adoção de medidas de controle pertinentes. Assim, o presente trabalho tem como objetivos descrever a evolução da mortalidade infantil em Salvador entre os anos de 1991 e 1997 e analisar a relação existente entre a distribuição espacial dessa mortalidade e as condições de vida da população do município em 1991 e 1994.

Os autores indicam que ainda há lacunas no conhecimento em sua área ao evidenciarem dificuldades em estabelecer parâmetros confiáveis para estudar as causas da mortalidade infantil e a necessidade de continuar a pesquisar o assunto. As falhas ainda existentes no conhecimento são expressas pelos resultados não conclusivos de pesquisas prévias e a dificuldade de se estudar o problema ("heterogeneidade na distribuição" e "desigualdade na ocorrência").

Delimitada a lacuna, os autores devem explicar como seu trabalho tenta preencher essa falha no conhecimento. Geralmente os esforços se concentram na construção de um lugar de destaque, um *nicho* para a pesquisa que passa a ser reportada, valorizando e justificando a publicação do artigo como causa natural dessa necessidade de se pesquisar mais sobre o assunto ("Assim, o presente trabalho").

Nesse parágrafo final da introdução, os autores retomam as três palavras-chave e as inter-relacionam em uma ideia central que explicita o objetivo do trabalho:

O objetivo do trabalho é estabelecido ao final da Introdução.

Exemplo 4.6

M#1

Assim, o presente trabalho tem como **objetivos** descrever a evolução da mortalidade infantil em Salvador entre os anos de 1991 e 1997 e analisar a relação existente entre a distribuição espacial dessa mortalidade e as condições de vida da população do município em 1991 e 1994.

Uma estratégia muito usada para finalizar a introdução é a apresentação de uma visão geral da organização do trabalho para que o leitor possa construir um enquadramento mental e antecipar os pontos temáticos que serão tratados no texto que se segue, de modo a tornar mais ágil a leitura. No exemplo 4.6, os autores antecipam para o leitor a organização do texto em tópicos:

(1) descrever (note a escolha dos verbos sublinhados) a evolução da mortalidade infantil em Salvador entre os anos de 1991 e 1997;

(2) analisar a relação existente entre distribuição espacial dessa mortalidade e condições de vida da população do município entre 1991 e 1994.

Muitas vezes, a estrutura do artigo é indicada pela enumeração explícita de cada seção como, por exemplo, "No presente trabalho, primeiramente reviso a literatura sobre o tema..., em seguida explico a metodologia adotada para seu estudo, ressaltando a importância dos estudos de caso, e finalmente apresento os resultados da pesquisa, chamando a atenção para as limitações do estudo quanto a...".

Swales (1990) elaborou uma representação esquemática da seção de introdução de artigos científicos bastante conhecida no ensino de línguas para fins acadêmicos. A representação ilustra a organização de uma introdução com três momentos. Assim, para introduzir seu relato de pesquisa, um autor:

(1) apresenta um território de conhecimento;

(2) constrói um nicho para sua pesquisa;

(3) ocupa esse nicho com seu trabalho, conforme reproduzido na figura 4.4.

A representação esquemática de Swales sugere diferentes estratégias retóricas para cada um desses três momentos que parte do âmbito mais geral em direção ao mais específico (note que a figura 4.4. é um detalhamento da introdução da figura 4.1). Cada uma dessas etapas do texto é interpretada como um movimento em um jogo de xadrez, cujo objetivo último é convencer o leitor da importância do artigo e, assim, persuadi-lo a seguir lendo o artigo até o fim. Esses movimentos do texto são chamados **movimentos retóricos**, pois a cada momento do texto o autor usa os recursos linguísticos disponíveis para interagir com o leitor, persuadindo-o a agir numa determinada direção de acordo com o argumento defendido no texto.

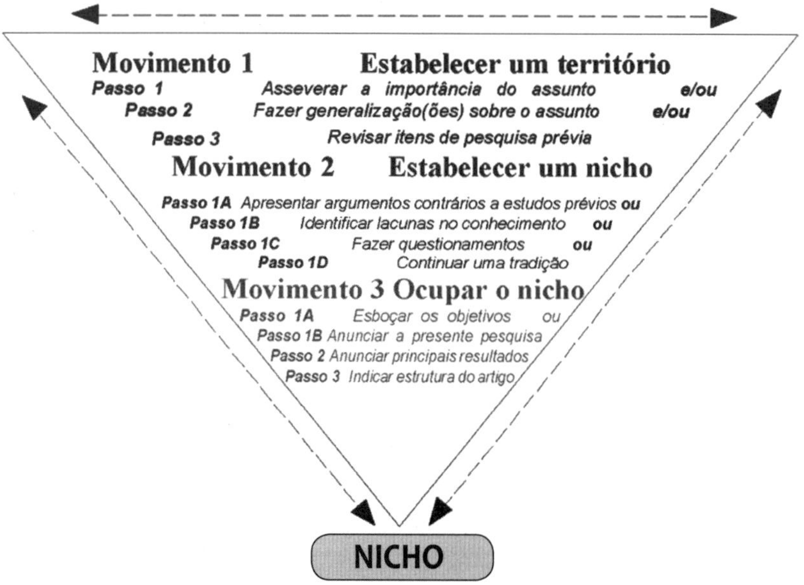

Figura 4.4: Representação do modelo CARS da Introdução de Artigos (Swales, 1990, p. 141)

O primeiro movimento retórico tem como objetivo *apresentar um território* de conhecimento. Para tanto, um autor pode:

(1) asseverar a importância do assunto;

(2) fazer generalização(ões) sobre ele;

(3) revisar itens de pesquisa prévia (ver comentários sobre o exemplo 4.4).

Frequentemente, os autores adotam essas três estratégias em conjunto.

Em seguida, para *identificar um nicho* no campo de conhecimento onde seu trabalho possa se inscrever, o autor revê a pesquisa prévia e pode

(1) apresentar argumentos contrários a estudos prévios;

(2) identificar lacunas no conhecimento estabelecido;

(3) fazer questionamentos sobre o assunto;

(4) continuar uma tradição de pesquisa já estabelecida (ver comentários sobre Exemplo 4.5).

O autor adota uma dessas quatro linhas de argumentação para construir um espaço para seu trabalho, já que não pode, por exemplo, indicar lacunas em uma tradição de pesquisa já estabelecida e ao mesmo tempo aderir integralmente a ela.

Por fim, para ocupar o nicho que construiu, o autor pode:

(1) definir os objetivos ou as principais características do trabalho;

(2) anunciar os principais resultados;

(3) indicar a estrutura do artigo (ver comentários sobre o exemplo 4.6).

Nattinger e De Carrico (1992, p. 164-167) listam algumas expressões características da seção de introdução de artigos acadêmicos, tipicamente produzidos por estudantes de universidades americanas. Essas expressões são semelhantes a algumas já indicadas nos exemplos e também funcionam como sinalizadores de como a informação se estrutura no texto:

Delimitar um território

Por muito tempo/nos últimos anos/em anos recentes, tem havido um crescente interesse em x; a maioria dos estudos de x estabelece/argumenta/propõe y; frequentemente tem sido afirmado/argumentado que x; muitas das perspectivas adotadas para x preveem/descrevem/avaliam que y; uma das mais controversas/importantes xs (na literatura recente) é y; de acordo com _____, x é/indica/significa/ y.

Estabelecer um nicho

Tópico: Este trabalho trata/discute/afirma/argumenta que x; no presente trabalho/estudo x; meu/nosso argumento é essencialmente que x; eu/nós busco(amos) argumentar que x.

Objetivo (ou hipótese): o presente trabalho tem por objetivo x; este trabalho foi elaborado para x; a ênfase/a proposta/o objetivo (geral) do trabalho é x; eu/nós pretendemos demonstrar/ilustrar que/debater x; o objetivo do(a) trabalho/estudo/análise/discussão é x; a hipótese (central/básica) é x.

Organização: este trabalho compara/contrasta/descreve/demonstra ___, em primeiro lugar, ___, em seguida, ___, e finalmente ___; no restante deste artigo, x será examinado em termos de ___; o presente artigo inclui uma análise/comparação/demonstração de ___. Em seguida, deverá ___ e concluirá por ___.

ALERTA! ALERTA! NÃO SE ESQUEÇA DE...

1. Ler e preparar anotações da bibliografia com REFERÊNCIAS COMPLETAS, dando crédito ao autor pelas ideias citadas.
2. Observar o estilo das referências em textos em sua área e as normas dos periódicos, evitando inconsistências na hora de escrever a seção de referências bibliográficas.

DICAS PARA REDIGIR A INTRODUÇÃO

1. Seja simples e direto. Não há necessidade de impressionar ninguém, apenas tente deixar seu leitor interessado, informando-o sobre o texto que virá adiante.
2. O leitor tem que entender o contexto e a base de seu trabalho. Normalmente não se exige que a introdução faça uma ampla revisão da literatura, mas **algumas** referências fundamentais são necessárias (a não ser em periódicos que determinem uma estrutura fixa de introdução-metodologia-resultados-discussão, em que o conteúdo da revisão da literatura deve estar contido na introdução).
3. Justifique claramente por que você fez o que fez e **por que isso vale a pena.** Seus argumentos devem ser construídos a partir de critérios cientificamente relevantes para a área de estudo em questão. Razões pessoais (preferência pelo tema, por exemplo) sempre entram em jogo, mas não vêm ao caso, pois não serão consideradas válidas na maioria das áreas. Veja mais sobre justificativa no capítulo sobre projetos de pesquisa neste volume;
4. Mesmo que você, muitas vezes, tenha a nítida sensação de que está enrolado, que o texto não avança, não desista. Isso faz parte do processo de produção de

sentido. Escrever é difícil e demanda exercício prático, mas é uma tarefa extremamente recompensadora do ponto de vista de realização pessoal e afirmação de nossa identidade profissional.

5. Após labutar na escrita do texto, deixe-o "descansar" um pouco enquanto você vai dar uma "arejada" no cérebro. Ao abandonar uma passagem problemática, você pode ir para outra parte do texto que precisa ser trabalhada. Mais tarde, poderá voltar ao ponto problemático com mais distanciamento e atenção renovada.

TOME AS PRIMEIRAS PROVIDÊNCIAS

1. Converse com professores e colegas mais experientes sobre possíveis ideias para o trabalho.

2. Escolha o assunto do artigo.

3. Faça leituras preliminares. Como se viu no capítulo sobre projetos de pesquisa neste volume, a ideia inicial para a pesquisa deve ser balizada pelas pesquisas prévias sobre o tema. Só se pode identificar uma lacuna no conhecimento ao se conhecer o corpo de conhecimento estabelecido. Chega–se a essa visão abrangente dos temas inovadores de pesquisa, fazendo leituras preliminares dos principais periódicos da área em questão.

4. Delimite claramente o foco do trabalho.

ELEJA PRIORIDADES

1. Visite bibliotecas e pesquise em bases de dados na internet (livros, coletâneas, artigos em periódicos conceituados, *abstracts*, dissertações, teses, catálogos) para buscar bibliografia de referência.

2. Defina um enfoque a ser dado ao assunto (elaborar uma tese ou um mapa semântico preliminar!).

3. Organize a bibliografia que lhe servirá de referência básica (quais textos lhe darão subsídios para escrever cada uma das seções de introdução, metodologia, resultados e discussão?).

COMECE A ESCREVER ESCREVENDO

1. Elabore um esquema do trabalho. Lembre-se de deixar etiquetas adesivas bem à vista para marcar ideias centrais nos livros e artigos consultados. Assim, você poderá voltar a elas sem muito esforço, sempre que precisar.

2. Desenvolva um resumo a partir desse esquema.

3. Prepare-se para escrever o trabalho propriamente dito, colocando anotações na mesma ordem em que cada assunto aparece no esquema ou no resumo.

4. Decida sobre o tempo verbal a ser utilizado no trabalho. O presente parece ser o mais indicado por ser um tempo neutro, isto é, pode ser usado para fazer referência ao presente, ao passado ou ao futuro ("Neste trabalho, investiga-se").

5. Escreva uma primeira versão ou rascunho do trabalho a partir do resumo.

6. Escreva, revise e **reescreva** essa primeira versão **várias vezes**! Cada reescrita é uma oportunidade **valiosa** para aprimorar suas ideias e corrigir erros. **Aproveite** o exercício, pois cada versão é um passo à frente no trabalho.

PARA DAR O PONTO FINAL NO TRABALHO

1. Leia a versão final com critério, mas **sem piedade** (!), eliminando e reordenando trechos.

2. Peça a um/a grande amigo/a (ou orientador/a) que leia e depois discuta com você (que vai acatar quando possível!) as sugestões dadas.

3. Revise e **reescreva** a última versão **pela última vez!!!**

SUGESTÃO DE ATIVIDADES

PARA APRENDE A ESCREVER É PRECISO SE ENGAJAR EM PRÁTICAS DE LEITURA E ESCRITURA, PORTANTO TENTE REALIZAR A SUGESTÃO DE ATIVIDADES ABAIXO

1. Eleja um artigo para estudar.
2. Leia o artigo, procurando definir seu tópico central e sua estrutura (organização em seções).
3. Marque com canetas de diferentes cores a organização da introdução em blocos de informação que guardem alguma correspondência com os movimentos da figura 4.4, conforme explicado acima.
4. Identifique se a introdução traz conceitos centrais com respectivas definições.
5. Procure o(s) trecho(s) de justificativa na introdução, nos quais o autor aponta as razões para fazer a pesquisa, escrever o artigo, explorar o tema escolhido. Atente para pontos do texto em que o autor explica a relevância do trabalho.
6. Busque, no texto, passagens em que o autor cita/critica/explica ideias de outros autores. Identifique pontos fortes e fracos encontrados pelo autor em pesquisas prévias e as razões para essa avaliação.

7. Localize critério(s) utilizado(s) pelo autor para organizar sua discussão da literatura (por exemplo, cronologia das pesquisas, temas abordados e/ou correntes teóricas).
8. Procure sugestões do autor sobre temas para futuras pesquisas.
9. Tente elaborar um mapa semântico das ideias centrais desse texto.

CAPÍTULO

5 ARTIGO ACADÊMICO: REVISÃO DA LITERATURA

Nicolas Poussin: "O cego Orion em busca do sol nascente" (1658)

5.1 A seção de revisão da literatura do artigo acadêmico

Neste capítulo, discutiremos algumas questões relacionadas às funções, à organização retórica e aos recursos linguísticos geralmente associados à seção de *revisão da literatura* do artigo. Não apresentaremos, portanto, normas sobre a formatação das referências, seja dentro do corpo do texto ou na lista final de artigos, já que os estilos de formatação variam de um periódico para outro. Em todo caso, gostaríamos de enfatizar que é necessário muito rigor e, provavelmente, várias revisões na formatação das referências, até que elas estejam de acordo com as normas de publicação do periódico que você tem em vista. Sugerimos que essa tarefa não seja deixada para "a última hora", pois pode demandar bastante tempo pela grande quantidade de detalhes a serem observados.

Para iniciar nossa discussão sobre a revisão da literatura, é importante destacar que, embora neste capítulo consideremos a revisão da literatura como uma seção específica, separada da seção de introdução, ela pode ocorrer "dentro" da seção de introdução (conforme discutido no capítulo 4 sobre introdução e demonstrado na figura 4.4, onde o passo 3 do movimento 1 refere-se a "revisar itens de pesquisa prévia"). Quando separada, a seção de revisão da literatura, como é geralmente denominada, geralmente se localiza depois da seção de introdução e antes da seção de metodologia (discutida no capítulo 6).

5.2 Para que serve a revisão da literatura?

Revisar a literatura significa fazer referência à literatura prévia e tem sido um "traço definidor" (Feak, Swales, 2009, p. 2) da pesquisa e da redação acadêmica desde os primórdios da ciência. Feak e Swales (2009, p. 2), invocando escritos de Isaac Newton e John of Salisbury, comparam a referência à literatura prévia com anões nos ombros de gigantes: os anões só conseguem "enxergar mais longe" por estarem apoiados nos ombros dos gigantes. Essa é uma das várias funções da revisão da literatura: *utilizar, reconhecer e dar crédito* à criação intelectual de outra(os) autoras(es); uma questão básica de ética acadêmica e de consciência sobre o grau de ineditismo da nossa pesquisa, pois demonstramos saber que não estamos "reinventando a roda".

Outras funções essenciais da revisão da literatura são:

- indicar que nos qualificamos como membros de determinada cultura disciplinar por meio da **familiaridade com a produção de conhecimento prévia na área**;
- evidenciar que nosso campo de conhecimento já está estabelecido, mas pode e deve receber **novas pesquisas**;
- emprestar uma **voz de autoridade e posicionamento intelectual** ao texto;
- demonstrar que nossa pesquisa **se situa** na nossa área de conhecimento (indicando onde e como isso ocorre) e que ela **se fundamenta em** e **estende** publicações prévias (explicando onde e como isso se dá) (Feak, Swales, 2009, p. 2).

Situar o estudo reportado dentro da grande área é fundamental tanto no processo da pesquisa quanto no de redação do artigo, porque nos ajuda a delimitar os estudos seminais para o desenvolvimento do nosso trabalho. A capacidade de delimitação é crucial em tempos de bibliotecas digitais online – como a do *Scielo* **<http://www.scielo.org/>**, do portal de periódicos da CAPES **<www.periodicos.capes.gov.br/>**, do *Google livros* **<http://books.google.com.br/>** – ou seja, em tempos de acesso fácil e instantâneo a um mar de publicações científicas que pode, por um lado, nos deixar inertes por não sabermos por onde começar a ler, ou, por outro lado, multiplicar nossa atenção, porque vamos seguindo *hiperlinks*, os quais levam a outros *hiperlinks*, os quais levam a mais *hiperlinks*, de tal maneira que acabamos lendo demais e escrevendo de menos. Em qualquer um dos dois casos, nosso artigo acaba não saindo do projeto.

Fazendo uma analogia desse processo de delimitação a um fractal[4], ao situar a pesquisa na revisão da literatura estamos localizando e sinalizando qual parcela da nossa grande área é mais diretamente relevante para nossa pesquisa:

Assim, a revisão da literatura pode ser vista como o momento em que situamos nosso trabalho, pois ao citar uma série de estudos prévios que servirão como ponto de partida para nossa pesquisa, estaremos "afunilando" a discussão, até chegar ao tópico específico que vamos investigar. Por meio da revisão da literatura, reportamos e avaliamos o conhecimento produzido em pesquisas prévias, destacando conceitos, procedimentos, resultados, discussões e conclusões relevantes para o trabalho. Discutimos, portanto, as questões relacionadas ao estado da arte da área em que nossa pesquisa se insere. No entanto, dar crédito aos estudos citados, mostrar familiaridade com o conhecimento produzido na sua área, indicar pertinência do seu trabalho dentro dessa área e autoridade intelectual em um texto escrito não é uma tarefa fácil.

---

4 Fonte da imagem: **<http://pjdeca.people.wm.edu/blender/sponge_comp_2560x1024.png>**.

A experiência de ensino da disciplina e de cursos de redação acadêmica na UFSM e em outras instituições tem mostrado que, para alunos de pós-graduação em diferentes disciplinas, a elaboração da revisão da literatura é uma questão problemática, pois é difícil encontrar o tom certo para reportar e criticar pesquisas prévias. Para tanto, uma leitura aprofundada e intensa dos textos a serem usados como referência será fundamental, uma vez que poderá contribuir para que

(1) identifiquemos e mostremos a relação existente entre as pesquisas citadas (Sobrepõem-se? Contrastam-se? Complementam-se?);

(2) justifiquemos a presença dos estudos citados no nosso texto, sinalizando a relevância dos mesmos para o tópico do nosso trabalho;

(3) selecionemos o tempo verbal e os verbos de citação adequados ao reportar a literatura;

(4) indiquemos claramente a fonte das ideias/informações de que nos apropriamos no nosso texto.

Em relação ao último aspecto mencionado, há necessidade de mostrar autoria, posicionamento no nosso texto que diz respeito ao cuidado que precisaremos ter para que nossa revisão da literatura não pareça uma "lista de supermercado", em que apenas listamos uma séria de "itens soltos", sem sinalizar e explicar ao leitor como eles se inter-relacionam. Devemos tomar cuidado, portanto, para que nossa revisão da literatura não seja apenas uma listagem de estudos prévios:

Segundo A,...
Consoante B,...
De acordo com C,...
Para D,...
Conforme E,...
Com base em F,...

É necessário fazer com que os autores citados dialoguem entre si, mediados por nós, já que todas as pesquisas prévias reportadas na revisão da literatura devem ter sido selecionadas porque, por alguma razão, são relevantes para nosso trabalho. Em função disso, nessa mediação, explicaremos mais ou menos explicitamente porque os citamos, em que medida contribuem para nossa pesquisa, se representam estudos prévios centrais em termos conceituais e/ou metodológicos, se apresentam lacunas que pretendemos preencher com nosso trabalho, e assim por diante. Uma breve discussão sobre como essas informações são convencionalmente organizadas na revisão da literatura foi apresentada no capítulo anterior e sintetizada na figura 4.4, uma vez que a revisão da literatura muitas vezes ocorre dentro da seção de introdução, conforme já foi apontado no início deste capítulo.

Na próxima seção, apresentaremos mais alguns exemplos sobre como o posicionamento em relação a estudos prévios pode ser sinalizado ao revisarmos a literatura.

5.3 Qual é a estrutura retórica da seção de revisão da literatura?

Dentro ou depois da introdução, a revisão da literatura em geral se organiza de acordo com a descrição apresentada na figura 5.1 Em estudo prévio (Motta-Roth, Hendges, 1996, p. 67), identificamos dois momentos na seção de revisão da literatura, conforme indicado na figura 5.1 pelas subfunções 1 (A e B) e 2 (A-D). No primeiro momento, a revisão da literatura apresenta uma orientação mais ampla do que no segundo.

MOVIMENTO 1 SITUAR A PESQUISA

Subfunção 1A - estabelecer interesse profissional no tópico	**ou**
Subfunção 1B - fazer generalizações do tópico	**e/ou**
Subfunção 2A - citar pesquisas prévias	**ou**
Subfunção 2B - estender pesquisas prévias	**ou**
Subfunção 2C - contra-argumentar pesquisas prévias	**ou**
Subfunção 2D - indicar lacunas em pesquisas prévias	

Figura 5.1: Movimento 1 da descrição esquemática proposta por Motta-Roth e Hendges (1996, p. 68) com base em Bittencourt (1995, p. 485)

Nas subfunções 1A e 1B, a literatura na área é citada de modo amplo, em termos de interesse geral e generalizações, enquanto, nas subfunções 2A a 2D, são citadas questões mais específicas apontadas por estudos prévios. A subfunção 1 serve para estabelecer o conhecimento na área quanto ao tópico, enquanto a subfunção 2 serve para relacionar pesquisas prévias específicas ao assunto do trabalho em questão.

Ao contrário do que acontece com a subfunção 1 (especialmente ao se fazerem generalizações – subfunção 1B), em que a presença do nome do autor das informações citadas não é obrigatória, a subfunção 2 demanda a identificação da pesquisa prévia.

Para que você possa entender melhor essa configuração da revisão da literatura, apresentaremos a seguir uma explicação detalhada das diferentes subfunções da figura 5.1, destacando os itens lexicais que geralmente as caracterizam e ilustrando sua ocorrência em um fragmento (exemplo 5.6) da seção de revisão da literatura de um artigo acadêmico de economia.

SUBFUNÇÃO 1A - Estabelecer interesse profissional no tópico

No caso da subfunção 1A, "estabelecer o interesse profissional no tópico", precisamos chamar a atenção para a relevância de nosso tópico como forma de seduzir leitores em potencial. Para tanto, podemos usar diferentes marcadores, que podem indicar o número ou a quantidade de estudos já realizados em relação ao tópico que será investigado, tais como "frequentemente", "bastante", "muitos", "um número considerável", "crescente"; ou mostrar o interesse em si, usando os substantivos "atenção", "preocupação" e, obviamente, "interesse" (Swales, 1990, p. 144; Motta-Roth, Hendges, 1996, p. 73).

Exemplo 5.1[5]

Nos últimos anos, <u>um número crescente de estudos têm investigado</u> alternativas para o desenvolvimento sustentável.

Além disso, o tempo verbal pretérito perfeito composto também caracteriza essa subfunção indicando a adoção habitual de um procedimento no passado recente (Motta-Roth, Hendges, 1996, p. 73), como nos exemplos a seguir: "X e Y têm sido estudados", "muitos autores têm investigado", "o problema tem atraído a atenção", "a literatura tem abordado o problema".

SUBFUNÇÃO 1B - Fazer generalizações do tópico

Já as generalizações do tópico (subfunção 1B) consistem em afirmações de caráter amplo sobre o estado da arte, que dispensam maiores evidências que as

[5] Por razões de economia de espaço e apenas para fins de ilustração, exemplos sem identificação são adaptações do original.

suportem, pois sugerem conhecimento prévio, compartilhado, estabelecido entre escritor e leitor (Motta-Roth, Hendges, 1996, p. 67). São, em geral, asserções sobre conhecimento acordado na área, tido como "consensual" entre pesquisadores.

Segundo Swales (idem, p. 146), essas asserções podem ser sobre o conhecimento ou prática da disciplina específica, sendo identificadas por lexemas explícitos como "reconhecido", "muita evidência", "completamente compreendido", "procedimento padrão", ou sobre um fenômeno dessa disciplina – "resultados comuns", "muitas situações". Além disso, outro elemento que contribui para a identificação de generalizações no texto são declarações no presente do indicativo que definem um estado de coisas, sem espaço para questionamentos (Motta-Roth, 1995, p. 179).

Exemplo 5.2

> O desenvolvimento sustentável é reconhecido como alternativa fundamental para solucionar os problemas relacionados à miséria mundial e à degradação ambiental.

SUBFUNÇÃO 2A - Citar pesquisas prévias

Considerando as variantes da subfunção 2 (2A, 2B, 2C e 2D), cada uma servirá para o escritor inserir seu trabalho de forma mais ou menos objetiva na área de interesse.

Na revisão da literatura de artigos acadêmicos eletrônicos em inglês nas áreas de linguística e economia, Hendges (2001, p. 79) verificou que, das quatro formas de inserção do trabalho no contexto das pesquisas prévias, os artigos de economia estariam orientados para o extremo mais objetivo de um eixo de progressão (um *continuum*) variável entre dois extremos, um mais objetivo e outro mais avaliativo. Essa objetividade é expressa pela simples citação de pesquisas prévias (subfunção - 2A) na revisão da literatura.

Exemplo 5.3

> O modelo para o desenvolvimento sustentável proposto por fulano (2000) foi aplicado a diferentes regiões do país.

Os textos de linguística, por outro lado, são mais avaliativos, pois, além de citar, indicam lacunas em pesquisas prévias (subfunção - 2D). Ao indicar lacunas, o escritor avalia o conhecimento produzido previamente, sugerindo carências de pesquisa. Pode fazer referência a conceitos, procedimentos (incluindo o uso de modelos, tipologias e programas de ensino mediado por computador), resultados e/ou conclusões das pesquisas que cita, que servirão como suporte teórico para sua discussão.

SUBFUNÇÃO 2B - Estender pesquisas prévias

Já para mostrar concordância entre o estudo em questão e pesquisas prévias, o autor pode continuar a tradição em pesquisa na área (subfunção 2B).

Exemplo 5.4

A fim de testar a eficiência de um modelo de desenvolvimento sustentável, fulano (2000) realizou um estudo aplicado ao Nordeste do país, obtendo resultados bastante eficientes. Portanto, o presente trabalho dá continuidade ao trabalho de fulano (2000), aplicando seu modelo à região Norte.

Segundo Swales (1990, p.148), essa estratégia é evidenciada com bastante frequência pelo uso de *portanto,* expressão sinalizadora classificada por Vande-Kopple (1985, p.83) como conectivo textual. Os conectivos textuais ajudam os leitores a reconhecer como o texto está organizado e que relações lógicas (*assim, entretanto*) e temporais (*primeiramente, em seguida*) conectam entre si as diferentes partes do texto (idem, ibidem).

SUBFUNÇÃO 2C - Contra-argumentar pesquisas prévias

Além de ser frequentemente usado para mostrar concordância, o conectivo textual também é usado para contra-argumentar pesquisas prévias, sinalizando, é claro, uma oposição em relação a essas pesquisas. Nesse caso, o principal índice linguístico é *porém*, seguido de *todavia, já, infelizmente* e *mas* (Swales, 1990, p. 154).

Exemplo 5.5

A fim de testar a eficiência de um modelo de desenvolvimento sustentável, fulano (2000) realizou um estudo aplicado ao Nordeste do país, obtendo

resultados bastante eficientes. Beltrano (2001), porém, observou que na região Norte o mesmo modelo apresenta desempenho negativo. Assim, este trabalho propõe um novo modelo para o desenvolvimento sustentável.

Ao usar a contra-argumentação, o escritor mostra que discorda de algum aspecto em estudos anteriores, apresentando uma nova alternativa em seu trabalho.

SUBFUNÇÃO 2D - Indicar lacunas em pesquisas prévias

Ao indicar lacunas em pesquisas prévias, revela-se que o estudo anterior não é conclusivo e apresenta alguma limitação, a qual você procurará compensar com seu trabalho. Para tanto, além dos conectivos textuais, os quantificadores negativos como (*muito*) *pouco* são usados como marcadores metadiscursivos para indicar carências na pesquisa prévia (Swales, 1990, p.155). Também os verbos *faltar, limitar;* os adjetivos e locuções adjetivas *inconclusivo*, *complexo*, *duvidoso*, *escasso*, *limitado*, *questionável*, *insuficiente*, *impreciso*; os substantivos *carência*, *limitação* e o advérbio de negação *não* são lexemas explícitos que permitem identificar a subfunção 1D.

O tempo verbal pretérito perfeito composto é muito usado nessa subfunção, pois sugere que, embora existam pesquisas, os resultados ou conclusões obtidos, até o momento, são insuficientes (Exemplo 5.6).

Exemplo 5.6

E#1

LITERATURA ANTERIOR SELECIONADA

O número de estudos sobre os mercados emergentes de ações vem crescendo rapidamente. A maior parte dos estudos limita-se aos mercados asiáticos. A maior parte dos estudos anteriores limita-se às correlações entre os mercados. Esse tipo de estudo assume, implicitamente, que as relações entre os mercados são lineares e que há integração total, o que, obviamente, não pode ser verdadeiro. Uma lista incompleta de estudos recentes inclui: Aggarwal e Leal (1995); Mullin (1993); Divecha, Drach e Stefek

Interesse no tópico

Lacuna no conhecimento

Discordância: contra-argumentando

Citação objetiva

> (1992); Speidell e Sappenfield (1992); Cheung e Ho (1991) e Bailey e Stulz (1990). A conclusão em geral é que a correlação entre os mercados emergentes e os mercados nos EUA e Japão está crescendo com o tempo, mas que ainda é suficientemente baixa para permitir importantes ganhos de diversificação. É claro que uma correlação maior não implica necessariamente em maior integração uma vez que outros fatores comuns podem estar influenciando os mercados. Um candidato em potencial são os fluxos de capitais entre os países. Apesar do interesse crescente nos mercados emergentes, os fundos de pensão americanos não investem mais do que 5% de suas carteiras em ativos internacionais indicando um tremendo potencial de crescimento dos fluxos de capitais para os mercados emergentes no futuro (Errunza, 1994). Outros autores sugerem que as correlações baixas podem dever-se ao aspecto não linear das relações entre os mercados (Mullin, 1993; Cheung, 1993). As correlações não parecem ser estáveis no tempo (Aggarwal e Leal, 1995; Cheung, 1993) e os mecanismos de transmissão entre os mercados são influenciados pela volatilidade dos mercados desenvolvidos (Bekaert e Harvey, 1995; Aggarwal, Inclan e Leal, 1995). (...)

Generalizações

Interesse no tópico

Citação objetiva

Como você pôde observar, há diferentes formas de abordar a literatura na sua área, e você tem diferentes opções para revisá-la. Além dos marcadores que já indicamos, há outros, conforme indicado na seção que segue.

5.4 Características linguísticas da revisão da literatura

As citações podem ter diferentes orientações temporais Os padrões (a) e (b) são mais comuns nas ciências humanas e menos nas tecnológicas, entretanto, para evitar repetições exaustivas, escritora/es tendem a misturá-las (Swales, Feak, 1994).

(a) **Passado** – "Fulano (1990) investigou a concepção de gêneros do discurso...". A ênfase recai no que pesquisadores anteriores fizeram, na atividade do pesquisador como agente e a estudos específicos;

(b) **Pretérito perfeito composto** – "A concepção de gêneros do discurso tem sido investigada (fulano, 1990; sicrano, 1995; beltrano, 1996)...; Muitos(as) pesquisadores(as) têm-se dedicado a investigar a concepção de gêneros do discurso...". Ênfase na atividade do pesquisador. A referência é feita a uma área de pesquisa e não ao pesquisador como agente.

(c) **Presente** – "A concepção de gêneros do discurso é complexa (sicrano, 1976; beltrano, 1990)...; Parece haver um conjunto complexo de elementos envolvidos na concepção de gênero...". Ênfase no resultado de pesquisas. A referência é feita ao estatuto corrente do saber e não à atividade do pesquisador.

Dentre os itens lexicais usados para fazer referência, os *verbos de citação* desempenham uma função essencial, pois a partir de determinado verbo é possível avaliar negativa ou positivamente o trabalho citado. Diferentes áreas tendem a usar verbos de citação específicos, como mostra o levantamento de Feak e Swales (2009, p. 55), reproduzido em português na tabela 5.1:

Disciplina	Verbos de citação e frequência de ocorrência					
Posição	1*	2	3	4	5	6
Biologia	*descrever*	*descobrir*	*reportar*	*mostrar*	*sugerir*	*observar*
Física	*desenvolver*	*reportar*	*estudar*	*descobrir*	*expandir*	---
Engenharia elétrica	*propor*	*usar*	*descrever*	*mostrar*	*publicar*	*desenvolver*
Engenharia mecânica	*descrever*	*mostrar*	*reportar*	*discutir*	*dar*	*desenvolver*
Epidemiologia	*descobrir*	*descrever*	*sugerir*	*reportar*	*examinar*	*mostrar*
Enfermagem	*descobrir*	*sugerir*	*reportar*	*identificar*	*indicar*	*mostrar*
Medicina	*mostrar*	*reportar*	*demonstrar*	*observar*	*descobrir*	*sugerir*
Marketing	*sugerir*	*argumentar*	*descobrir*	*demonstrar*	*propor*	*mostrar*
Linguística aplicada	*sugerir*	*argumentar*	*mostrar*	*explicar*	*descobrir*	*destacar*
Psicologia	*descobrir*	*mostrar*	*sugerir*	*reportar*	*demonstrar*	*enfocar*
Sociologia	*argumentar*	*sugerir*	*descrever*	*notar*	*analisar*	*discutir*
Educação	*descobrir*	*sugerir*	*notar*	*reportar*	*demonstrar*	*fornecer*
Filosofia	*dizer*	*sugerir*	*argumentar*	*alegar*	*destacar*	*pensar*

* Da esquerda para a direita, o nº 1 indica os verbos de citação mais usados em cada disciplina.

Tabela 5.1: Frequência de uso de verbos de citação em diferentes áreas

Alguns desses verbos de citação são mais neutros, menos avaliativos do que os outros. Na área de linguística aplicada, por exemplo, ao escrever "fulano diz que...", estamos fazendo referência à pesquisa prévia de forma mais neutra do que ao escrever "fulano sugere que...", pois o verbo de citação "sugerir" é mais carregado de modalização, isto é, indica menos certeza do que "dizer". A decisão sobre o grau de avaliatividade de cada verbo de citação varia de uma disciplina para outra. Na sua área, quais verbos da tabela 5.1 podem ser considerados mais objetivos/neutros e quais são mais avaliativos/subjetivos? Quais são mais usados?

Outro aspecto a ser levado em conta na hora da escolha dos verbos de citação é o cuidado que devemos ter para não atribuir palavras e/ou intenções ao autor citado que não estão no texto original consultado. Consideremos fragmento destacado no exemplo 5.7.

Exemplo 5.7

Ed#1

PEZZI, S.; STEIL, A. V. Análise do processo de exame de grau na pós-graduação *stricto sensu*. *Educação e Pesquisa*, vol. 35, nº 1, São Paulo, jan./abr. 2009.

(...) Há divergências entre os examinadores acerca da utilização de dimensões adicionais na avaliação de grau, tais como a qualidade do treinamento e o ambiente onde a pesquisa foi desenvolvida, segundo a pesquisa realizada por Powell e McCauley (2002). Não obstante, a maioria dos examinadores prioriza a tese como elemento de avaliação, ponderando que os referidos itens não devem ser considerados na avaliação. Apesar desse aspecto, esses mesmos examinadores exprimem outros atributos como "competência do candidato", "padrões de aprovação" e "julgamento do candidato" como dimensões a serem consideradas, mas não explicitam claramente a tese como reveladora dessas dimensões. Assim, questiona-se onde e de que forma elas

> poderiam ser analisadas. Uma hipótese é considerar que os examinadores utilizem o exame oral para esse fim. No entanto, a prioridade máxima que tem sido atribuída ao trabalho escrito tem também suscitado dúvidas quanto à necessidade e à importância do exame oral.

Agora, leia os dois trechos abaixo que fazem referência ao estudo de Pezzi e Steil (2009) apresentado no exemplo 5.7 e indique qual dos dois verbos de citação representa com maior fidelidade o que diz o texto original:

( )	( )
Pezzi e Steil (2009) <u>indicam</u> a defesa oral como meio para o julgamento da competência do candidato em exames de pós-graduação.	Pezzi e Steil (2009) <u>sugerem</u> a defesa oral como meio para o julgamento da competência do candidato em exames de pós-graduação.

Essas duas possibilidades de redação indicam que os verbos empregados expressam maior ou menor certeza de nossas afirmações. Em geral, os verbos de citação podem ser usados em quatro situações:

1. com o nome do autor **na posição de sujeito gramatical**: ***sicrano** (2000)* <u>mostra</u> *que o desenvolvimento sustentável é eficiente.*
2. com o nome do autor **como agente** <u>do verbo na voz passiva</u>: *Esse modelo* <u>foi desenvolvido</u> ***por sicrano (2000)***.
3. com um **termo que designa uma classe** (pesquisadores, autores, estudos etc.). Logo após uma generalização, o escritor pode ser mais específico citando *autores* que sustentem essa afirmação: ***Vários estudos** na literatura* <u>usam</u> *modelos similares. Sicrano (2000), por exemplo,* <u>analisou</u>...
4. com **termos referentes ao processo ou produto da pesquisa que substituem o agente** (resultados, conclusões etc.): ***Resultados de pesquisas recentes*** *(Sicrano, 2000)* <u>mostram</u> *que o modelo tem ampla aplicabilidade.*

Seguindo Swales e Feak (1994, 2004), outra possibilidade de classificar os formatos de citação é pelo critério de sua integralidade conforme o quadro a seguir:

	CITAÇÕES INTEGRAIS	CITAÇÕES NÃO INTEGRAIS
Características	Nome do autor citado é parte gramatical na oração de citação	Nome do autor citado está entre parênteses ou sinalizado por índice numérico
Função	Foco no pesquisador: tendem a chamar a atenção para o autor citado, dando proeminência ao pesquisador	Foco na pesquisa: tendem a chamar a atenção para o trabalho citado, dando proeminência à pesquisa
Exemplos	**L#3** "Como indica Phillipson (2003), na Noruega, o estafe na universidade recebe bônus diferenciado com base na língua de publicação utilizada: um livro publicado em inglês é premiado com 15.000 coroas, já um livro em norueguês com 7.000 coroas; um artigo em inglês com 7.000 coroas, mas em norueguês com 1.000 coroas." **A#1** "No contexto nacional, Mesquita Filho e Pontes (2004) defendem que a cidade de São Paulo, entre 1860 e 1930, abandona o *ethos* colonial em proveito da modernização em vários aspectos."	**Ag#1** "Nesse sentido, a baixa reatividade sorológica cruzada com amostras de campo brasileiras, especialmente do BVDV-2, tem sido apontada como uma das principais restrições às vacinas atualmente comercializadas no país (Flores *et alii*, 2002)." **Q#1** "O nióbio é um metal refratário[2] com estrutura cúbica de corpo centrado, leve e dúctil[3] que pode ser trabalhado e usinado quando não tiver impurezas."

Exemplos de verbos usados em citações integrais são: *apresentar, argumentar, afirmar, citar, defender, descrever, discutir, mencionar, postular, referir-se a, relatar* e *sumarizar*.

Algumas maneiras de fazer citações integrais são:

- As proposições de fulano (1970) e beltrano (1978) acentuam/privilegiam...
- Isso se relaciona com o que fulano (1980) denomina de...
- Uma crítica nesse sentido é feita por fulano (1992, p. 686-687)...
- Isto está de acordo com o que foi citado por beltrano (1981, 1984)...
- Tal abordagem foi/tem sido sugerida por fulano e beltrano (1982) e seus conceitos foram estendidos por beltrano (1987)...
- X foi proposto por fulana

- A questão foi analisada por fulana (1995) em termos de...
- Entre n características, beltrana (2010) separou ...
- (Ainda) no entendimento de/de acordo com/segundo/para fulana (2008), X é/consiste em...
- Conforme indicado/apontado/observado por fulana e beltrana (2006), X é/consiste em...
- Conforme fulana e beltrano (1996) corretamente afirmam/acentuam, X é/consiste em...
- Segundo fulana (1992), é possível que...
- Outros trabalhos citam diferentes valores, variando principalmente em função do parâmetro considerado. Fulana (2000) encontrou..., beltrana e sicrana (2009) encontraram...

Algumas maneiras de fazer citações não integrais são:

- (O conceito X) é/significa ... (fulano, 1899)
- Isso tem revelado que... (fulana, 1995, p.6)
- Sabe-se que A é diferente de B [generalização](fulano, 1995, p. 20)
- Há mais de três décadas, tem havido crescente interesse (fulana, 1995; beltrano, 1996)
- Certamente, a capacidade de x ... é limitada...(fulana, 1980)
- Este sistema mostra Y..., porém algumas vezes, apresenta problemas... (fulano, 1993)
- Somente quatro espécies de ... já foram reportadas (fulana; beltrano, 1926)
- Esta espécie foi encontrada/descoberta em (localização completa) (fulano, 1953)

Os verbos de citação podem ser classificados com base em diferentes critérios. Thomas e Hawes (1994, p. 146), por exemplo, dividem os verbos de citação em três grupos:

(1) verbos de atividade do mundo real ou experimental;

(2) verbos de atividade discursiva;

(3) verbos de atividade cognitiva[6].

---

[6] No original inglês: "real-world or experimental activity verbs", "discourse activity verbs" e "cognition activity verbs".

Grosso modo, os *verbos de pesquisa ou de atividade experimental* estão ligados ao relato de procedimentos e resultados de pesquisas prévias (p. ex.: *mensurar, medir, calcular, encontrar, obter*). Os *verbos textuais ou de atividade discursiva*, por sua vez, podem reportar tanto hipóteses quanto resultados e conclusões de pesquisas prévias, envolvendo sempre uma expressão verbal (p. ex.: *afirmar, apontar, negar, mencionar*). Por fim, os *verbos mentais ou de atividade cognitiva* se referem a processos mentais e reportam generalizações que são senso comum na área (p. ex.: *acreditar, pensar, considerar*). A seguir discutiremos essas categorizações conforme as observações feitas por Thomas e Hawes (1994).

1. **Verbos de atividade experimental**

   1.1 Verbos de procedimento: são verbos que você pode usar para relatar métodos ou procedimentos usados em pesquisas prévias: *categorizar, conduzir, correlacionar, comparar, completar, avaliar* e *usar.* Verbos como *examinar, estudar, analisar* e *investigar* também podem ser usados para citar elementos da metodologia de estudos prévios se aparecerem claramente associados a variáveis, sujeitos ou objetos pesquisados nesses estudos.

Exemplo 5.8

Fulano (2000) investiga três regiões do país – Sul, Sudeste e Centro-Oeste, usando um modelo de desenvolvimento sustentável.

   1.2 Verbos de resultado: são verbos que você pode usar para relatar resultados de pesquisas prévias e se dividem em dois grupos:

      1.2.1 Verbos de objetividade: se você quiser reportar resultados de pesquisas prévias de forma neutra, pode usar os verbos de objetividade, que não fornecem indicações explícitas da sua reação ou do efeito que as afirmações do autor citado provocam em você: *encontrar, observar* e *obter.*

Exemplo 5.9

Fulano (2000) obteve resultados variados ao comparar as três regiões.

1.2.2 Verbos de efeito: ao usar os verbos de efeito, como *mostrar, demonstrar* e *estabelecer*, você demonstrará que foi convencido pelos resultados encontrados em estudos prévios.

Exemplo 5.10

Os resultados mostram que há variações entre as regiões investigadas.

2. **Verbos de atividade discursiva**

2.1 Verbos de qualificação: são verbos que você pode usar para citar limitações ou restrições apontadas por autores de pesquisas prévias, indicando a necessidade de maior investigação sobre o tema: *alertar, levantar a questão, chamar a atenção para x, apontar.*

Exemplo 5.11

Fulano (2000) chama a atenção para as variações apresentadas pelas três regiões do país.

2.2 Verbos de incerteza:

2.2.1 Verbos pré-experimento: são verbos que você pode usar para citar hipóteses levantadas em pesquisas prévias, que servirão como ponto de partida para a discussão na sua pesquisa: *estimar, hipotetizar, prever, propor, postular* e *tentar estabelecer.*

Exemplo 5.12

Fulano (2000) estima que as três regiões do país mostrarão desempenho semelhante.

2.2.2 Verbos pós-experimento: são verbos que você pode usar para tirar conclusões ou fazer afirmações a partir de pesquisas prévias: *sugerir, indicar.*

Exemplo 5.13

Os resultados sugerem que o modelo de fulano (2000) precisa ser adaptado.

2.3 Verbos de certeza

2.3.1 Verbos de argumento: são verbos que você pode usar para assinalar que a proposição citada funciona como argumento de apoio para sua pesquisa, e por isso são interpretados por você para atender suas necessidades de embasamento: *apresentar embasamento, citar/fornecer evidência, manter, concluir* e *invocar.*

Exemplo 5.14

Fulano (2000) fornece evidência de que seu modelo de desenvolvimento sustentável é eficiente.

2.3.2 Verbos de informação: são verbos que você pode usar para relatar, de forma mais neutra, o que foi feito anteriormente, sem indicar explicitamente qualquer intenção persuasiva: *documentar, reportar, referir-se a, notar* e *afirmar.*

Exemplo 5.15

Beltrano (2001) se refere ao modelo proposto por fulano (2000), para o desenvolvimento sustentável.

3 Verbos de atividade cognitiva

Os verbos de atividade cognitiva, como seu nome sugere, estão associados a atividades mentais experimentadas pelos autores das pesquisas prévias. Exemplos são: *considerar, ponderar, pensar, reconhecer, observar, ver, pressupor* e *conceber.* Segundo Thomas e Hawes (1994, p. 45), esses verbos são usados para reportar visões ou ideias aceitas por um grande número de pesquisadores da área. Em geral, os verbos de atividade cognitiva ocorrem nas sentenças iniciais, apresentando generalizações que podem ser subsequentemente refinadas pela referência a outros estudos.

Exemplo 5.16

Vários estudos consideram o desenvolvimento sustentável como uma alternativa eficaz para solucionar a miséria mundial.

Em síntese, essas categorias poderiam ser resumidas como:

- **Verbos relacionados a processos investigativos**: *mede, calcula, obtém, coleta, seleciona, sistematiza, analisa, decompõe.*
- **Verbos relacionados a processos verbais**: *propõe, postula, hipotetiza (pré--experimentais), indica, sugere (pós-experimentais), afirma, cita evidências, sustenta, escreve, denomina, demonstra.*
- **Verbos relacionados a processos cognitivos**: *acredita, pensa, enfoca, interpreta, observa, pontua.*

Além das questões já mencionadas, é necessário levar em conta ainda que suas citações terão basicamente duas configurações: literal e não literal. Caracterizam--se como citações literais aquelas em que você transcreve exatamente fragmentos do texto usado como referência, inclusive com os erros originais (para indicar que o erro está na versão original e que não foi você quem o cometeu, você deve colocar *sic,* entre parênteses, logo depois do erro).

As citações literais podem aparecer tanto no corpo do parágrafo quanto em bloco fora do parágrafo, dependendo do número de linhas que ocupam. A ABNT (Associação Brasileira de Normas Técnicas), em seu documento NBR 10520 (p. 2), intitulado *Informação e documentação – Citações em documentos – Apresentação*, identifica duas possibilidades. A primeira, em que citações diretas de até três linhas estão contidas no corpo do texto, entre aspas duplas (As aspas simples são utilizadas para indicar citação no interior da citação):

Exemplo 5.17

Segundo Sá (1995, p. 27): "[...] por meio da mesma 'arte de conversação' que abrange tão extensa e significativa parte da nossa existência cotidiana [...]"

Ou então, na forma de citações diretas de mais de três linhas, destacadas com recuo de 4cm da margem esquerda, com letra menor do que a do texto utilizado e sem as aspas (idem, ibidem).

Exemplo 5.18

> A teleconferência permite ao indivíduo participar de um encontro nacional ou regional sem necessidade de deixar seu local de origem. Tipos comuns de teleconferência incluem o uso da televisão, telefone, e computador. Através de audioconferência, utilizando a companhia local de telefone, um sinal de áudio pode ser emitido em um salão de qualquer dimensão (Nichols, 1993, p. 181).

Seja em bloco ou no corpo do parágrafo, a citação literal parece ser um formato em extinção, independentemente da área do conhecimento, como indicado nos dados tabelados (tabela 5.2) por Swales e Feak (2000, p. 129[7]).

Disciplina	Citação literal no corpo do parágrafo	Citação literal em bloco	Citação não literal em resumo ou paráfrase	Citação não literal em generalização
Biologia	0	0	72	38
Física	0	0	68	32
Engenharia elétrica	0	0	66	34
Engenharia mecânica	0	0	67	33
Marketing	3	2	68	27
Linguística aplicada	8	2	67	23
Sociologia	8	5	69	18
Psicologia	2	1	89	8

Tabela 5.2: Frequência de diferentes configurações de citações por área

As citações não literais são paráfrases ou resumos das informações da obra usada como referência ou generalizações e, nesse caso, jamais se usam aspas. Em

[7] Esses dados foram tabelados por Swales e Feak (2000) com base em Hyland (1999).

ambos os casos, você precisa tomar cuidado para não plagiar a ideia dos textos consultados, "esquecendo" de fazer a devida referência. Atenção: substituir uma que outra palavra do texto original não é parafrasear nem resumir, é copiar!

SUGESTÃO DE ATIVIDADES

1. Selecione duas referências bibliográficas básicas para seu trabalho. Verifique como os autores escolhidos por você fazem a revisão da literatura, como *sinalizam fatos, expressam ideias, afirmam opinião, fazem avaliação* etc.
2. Em seguida, identifique os conceitos centrais com os quais o(a) autor(a) trabalha e tente encontrar a definição de cinco palavras-chave no trabalho.
3. Identifique como é feita a revisão de pesquisas e conceitos na área em termos de citação em bloco, direta ou indireta.
4. Identifique o tempo verbal (passado, pretérito perfeito composto, presente) adotado mais frequentemente na seção de revisão da literatura e justifique o uso dele.
5. Elabore um esquema da organização retórica (similar ao modelo de introduções) desses textos. Analise como os autores reveem pesquisas e conceitos na área em termos de três eixos "certo/incerto", "bom/mau", "importante/não importante" (Hunston, 1994).
6. Escreva um texto de revisão da literatura do material que você selecionou a partir das seguintes questões:
   - Quais são os pontos/conceitos centrais dos trabalhos consultados?
   - A que conclusões os autores chegam?
   - Quais evidências ou razões os autores dos trabalhos apresentam para reforçar suas conclusões/opiniões?
   - A posição dos autores parece válida/coerente/omissa se considerarmos as evidências apresentadas por eles?
7. Comente o texto que você escreveu. Note os recursos de linguagem empregados por você para sinalizar ao leitor duas funções retóricas diferentes: quando você relata (fatos/ideias) e quando avalia/opina sobre a pesquisa revisada.
8. Identifique conceitos centrais e respectivas definições usados no seu texto. Atente para o modo como você faz referência a outros autores.

9. As expressões de citação a seguir podem caracterizar referência. Elas variam em intensidade quanto ao grau de avaliação sugerido. Como você utilizaria cada uma dessas formas de citar? Que outras lhe ocorreriam?

Asseverar: eu/nós mantenho/argumento que x; é possível/pode-se argumentar/dizer/crer/contradizer que x; aparentemente é/parece possível/provável/indiscutível/discutível que x;

Concordar: conforme x acertadamente propõe; eu/nós na verdade/de alguma forma/ veementemente concordo/apoio (a ideia de) x; x fornece evidências/parece reforçar a ideia de y de que z.

Discordar: conforme x nos leva a crer; eu/nós na verdade/de alguma forma/ veementemente/ discordo com x; conforme argumentado por x (um tanto quanto) erroneamente/equivocadamente; x não apoia o argumento/a conclusão de y de que z; embora x proponha y, eu/nós acreditamos z.

Comparar: tanto x quanto y são (bastante) similares quanto a z; x é como/ parece com y; tanto ___ e ___; x e y têm alguns aspectos de z; x e y têm em comum z; x não difere de y em relação a z.

Contrastar: x é (um tanto) diferente de y (em relação a z); x não é o mesmo caso de/o mesmo que y; x de forma alguma se assemelha a y; x contrasta com y (em z); x difere de y em relação ao aspecto z.

Recomendar: recomenda-se/sugere-se que x seja/tenha/faça y; o que se deveria recomendar/sugerir é que x; uma sugestão é que x (faça y).

Validar: como prova/evidência/exemplo (para isso) (pode-se citar/enumerar); de acordo com; conforme x argumenta; x produz evidências para y.

Classificar: x pode/talvez possa/poderá ser dividido/classificado em y (e z); x e y são categorias/divisões de z; há x categorias em y.

Generalizar: em termos gerais; na maioria dos casos; pode-se generalizar x; em geral; na maior parte.

Demonstrar: x demonstra/mostra que y; x ilustra y.

CAPÍTULO 6

ARTIGO ACADÊMICO: METODOLOGIA

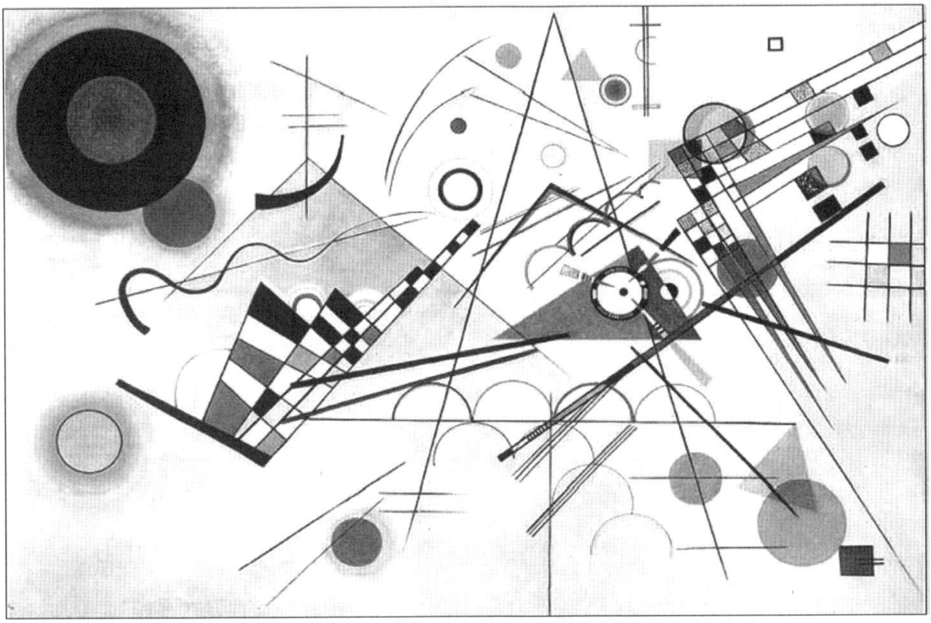

Wassily Kandinsky: "Composição VIII" (1923)

6.1 A seção de metodologia no artigo acadêmico

Uma pesquisa é um conjunto de ações determinadas para o propósito de se investigar, analisar e [criticamente] avaliar determinada questão ou problema em dada área do conhecimento. Pode-se definir pesquisa como um processo planejado de investigação que consiste de três momentos:

(1) o levantamento de perguntas, hipóteses ou problemas;

(2) a coleta dos dados;

(3) a análise e interpretação desses dados.

O artigo acadêmico tenta recontar esses três momentos de maneira clara para que o leitor possa aprender com a leitura do relato do estudo e, se for o caso, replicá-lo em sua própria pesquisa.

Há diferentes maneiras de estruturar uma investigação, dependendo do que pretendemos estudar (um fenômeno químico, uma doença ou determinada modalidade de uso da linguagem) e de como concebemos a natureza e o estatuto do conhecimento gerado em pesquisa (Nunan, 1992, p. 5). O texto naturalmente deverá corresponder a essas escolhas metodológicas (ver capítulo 3 neste volume, sobre projeto de pesquisa).

É importante que os procedimentos definidos para nossa pesquisa sejam válidos, isto é, prestem-se efetivamente a verificar o que, em princípio, nos propomos investigar. Por outro lado, é fundamental que esses procedimentos sejam efetivamente confiáveis, isto é, que eles ofereçam dados consistentes, que eles não estejam afetados por condições que lhes passaram totalmente despercebidas e que, portanto, não tenham sido computadas em seu estudo como variáveis a serem analisadas também (idem, p. 14).

Vejamos o exemplo (idem, p. 12) de uma pesquisa em ciências sociais sobre a incidência de crimes em determinada cidade em região de imigração. A conclusão de que imigrantes desrespeitam mais as leis do que os cidadãos nativos, com base na análise dos registros policiais em relação à densidade demográfica de uma comunidade dada, pode ser equivocada, porque as relações causais entre os registros policiais e os dados demográficos não foram demonstradas conclusivamente *a priori*. Talvez haja menos registros de crimes por cidadão nativo simplesmente porque eles conhecem melhor a cidade, as pessoas e a língua do que os imigrantes e, portanto, estão menos sujeitos a serem apanhados em flagrante. Em outras palavras, os resultados obtidos no levantamento desses dados podem ser explicados de outras maneiras além daquela encontrada pelo pesquisador. Nunan (idem, p. 12) acrescenta ainda que:

> [e]m última análise, a medida em que estamos preparados para aceitar ou rejeitar determinados métodos de investigação e os estudos que utilizam esses métodos dependerá da visão que temos do mundo.

Embora o processo de qualquer pesquisa tenha sido definido acima como compreendendo três passos

(1) levantamento;

(2) coleta;

(3) análise e interpretação

essa citação nos sugere que existem variações no modo de conceber uma pesquisa. Uma diferença básica está no caminho de investigação que decidimos trilhar.

Podemos iniciar pelo item 1, elaborando perguntas ou hipóteses e, a partir daí, buscar evidências que respondam às perguntas ou confirmem ou refutem as hipóteses elaboradas. Por exemplo, podemos partir de uma hipótese de que as possíveis causas da mortalidade infantil em determinada região são as condições sanitárias da habitação dessa população, e realizar a análise de dados sobre fatores relacionados a essas condições (o saneamento básico nas moradias, por exemplo). Se trilharmos esse roteiro, então faremos o que se pode chamar de **pesquisa dedutiva** (que parte da teoria para os dados).

Caso optemos por um roteiro oposto, iniciaremos pela análise de dados para chegar a uma teoria ou aos princípios que parecem reger a organização desses dados. Por exemplo, analisaremos a distribuição da mortalidade infantil em determinada região para deduzir suas causas. Se escolhermos esse caminho, então adotaremos o que se pode chamar de **pesquisa indutiva** (dos dados para a teoria).

Outra diferenciação entre maneiras de pensar uma pesquisa diz respeito ao tradicional debate entre pesquisadores que adotam uma abordagem de base **qualitativa** e aqueles que adotam uma abordagem de base **quantitativa**. Pode-se dizer que esses pesquisadores diferem em relação à compreensão de quatro fatores:

	Abordagem de base QUANTITATIVA	**Abordagem de base QUALITATIVA**
1. Natureza da realidade	"Há apenas uma realidade tangível lá fora."	"Há múltiplas construções da realidade."
2. Validade interna do estudo	Uma relação é postulada e então testada em comparação com a realidade (controle).	Credibilidade é o teste para realidade: realizamos engajamento prolongado, observação persistente e triangulação dos dados, isto é, interpretação do fenômeno observado a partir de vários ângulos e utilização de diferentes fontes de dados comparadas entre si.
3. Validade externa do estudo	A generalização dos resultados a outros contextos e/ou sujeitos é possível: neutralização das variáveis de tempo e contexto.	Especificidade do contexto: a possibilidade de se aplicar os resultados a outros contextos depende da similaridade entre eles. A interpretação dos resultados se dá com base na organização e na descrição dos dados pelo pesquisador.
4. Grau de fidedignidade	Inevitavelmente depende da medida em que existe validade interna e externa: critérios de estabilidade, consistência, e previsibilidade, demonstrados pela possibilidade de se replicar o estudo.	Resultados são confiáveis se as hipóteses são testadas por meio de uma observação continuada, análise de dados de diferentes fontes, revisão de colegas, checagem por parte dos sujeitos, auditoria da pesquisa.

Em linguística (e talvez em todas as outras áreas), ambas as metodologias são necessárias, em vista da natureza complexa do fenômeno a ser estudado (a linguagem). O uso de uma metodologia variada pode resultar da necessidade de adequação à questão a ser investigada.

Há diversas maneiras de classificar métodos de investigação, pois os autores não têm uma visão consensual sobre qual o número e o nome exatos dos métodos. Cordeiro (1999) nomeia várias tendências metodológicas e destaca duas para as ciências sociais:

1. **Método estudo de caso:** possibilita o estudo intensivo de um indivíduo (um ser humano) ou grupo (tribo, empresa, comunidade, instituição etc.) com vistas a obter generalizações a partir de uma análise abrangente do tópico de pesquisa como um todo. Por exemplo: estudo do comportamento de uma tribo indígena em termos de sua aculturação por posseiros da região (idem, p. 55).
2. **Método pesquisa-ação:** possibilita a participação dos membros da comunidade estudada, ao longo da pesquisa, na análise e interpretação dos dados, de modo que os resultados possam influenciar a comunidade e cause resultados como propostas de soluções para os problemas detectados. Por exemplo: a comunidade participa do levantamento socioeconômico da cidade, identificando problemas e utilizando esses dados para propor soluções (idem, p. 55).

Embora esses dois métodos sejam descritos por Cordeiro (1999) como adequados em ciências sociais, também são usados em ciências humanas, como a linguística. Talvez a única regra que se possa generalizar num livro introdutório sobre redação acadêmica, sem entrar em questões epistemológicas, da filosofia ou da sociologia das ciências, é que o método a ser usado em sua pesquisa deverá responder (opondo-se criticamente ou alinhando-se informadamente) aos debates em curso em sua disciplina.

6.2 Qual é a estrutura retórica da seção de metodologia?

Uma vez definida a abordagem a ser adotada na investigação, devemos definir as etapas metodológicas da pesquisa. O objetivo da metodologia é apresentar os materiais e os métodos (participantes ou sujeitos, instrumentos, procedimentos, critérios, variáveis/categorias de análise etc.) a serem adotados. A função retórica dessa seção é narrar os procedimentos de coleta e análise dos dados e descrever os materiais que levam à obtenção de resultados, com maior ou menor detalhamento, dependendo do objeto de estudo.

São poucas as pesquisas sobre a organização retórica da seção de metodologia no artigo acadêmico (Kanoksilapatham, 2005, p. 287). As poucas pesquisas publicadas dão conta de áreas/disciplinas específicas e é difícil afirmar se as descrições da seção de metodologia apresentadas nessas pesquisas podem ser generalizadas para outras áreas.

Nwogu (1997), por exemplo, analisando o artigo acadêmico em medicina, encontrou três tipos de descrição na metodologia:

(1) do procedimento de coleta de dados;

(2) do procedimento experimental;

(3) do procedimento de análise dos dados (figura 6.1).

---

1 DESCREVER O PROCEDIMENTO DE COLETA DOS DADOS

(a) indicando a fonte dos dados
(b) indicando o tamanho/dimensão da amostra
(c) indicando os critérios para coleta dos dados

2 DESCREVER O PROCEDIMENTO EXPERIMENTAL

(a) identificando o principal aparato da pesquisa
(b) narrando o processo experimental
(c) indicando critérios para o sucesso

3 DESCREVER O PROCEDIMENTO DE ANÁLISE DOS DADOS

(a) definindo terminologias
(b) indicando o processo de classificação dos dados
(c) identificando o procedimento/instrumento analítico

Figura 6.1: Descrição seção de metodologia de artigos da área médica (Nowgu, 1997)

A primeira parte da seção de metodologia em artigos acadêmicos em medicina apresenta "uma discussão de todos os aspectos do processo de identificação, seleção e delimitação dos dados" (idem, p. 128). Nos artigos acadêmicos que reportam pesquisas que envolvem testes de laboratório ou trabalho experimental, "os passos e procedimentos (incluindo os equipamentos) adotados durante a experimentação" são apresentados "de maneira lógica e sequencial" (idem, p. 130).

Por fim, no caso de pesquisas que também envolvem cálculos estatísticos ou quantitativos, o ferramental usado para fazer tais cálculos é identificado. No *corpus* de Nwogu (1997, p. 125), essa última parte da metodologia é menos frequente do que a primeira e a segunda.

Numa pesquisa mais recente sobre a organização retórica de artigos acadêmicos em bioquímica, Kanoksilapatham (2005) observou que a seção de metodologia nos artigos dessa área é bem semelhante à dos artigos em medicina (figura 6.2):

---

1 DESCREVER OS MATERIAIS

Passo 1 listar os materiais

Passo 2 detalhar a fonte dos materiais

Passo 3 oferecer a fundamentação para os materiais

2 DESCREVER OS PROCEDIMENTOS EXPERIMENTAIS

Passo 1 documentar procedimentos já estabelecidos/reconhecidos

Passo 2 detalhar os procedimentos

Passo 3 oferecer a fundamentação para os procedimentos

3 DETALHAR OS EQUIPAMENTOS (opcional)

4 DESCREVER OS PROCEDIMENTOS ESTATÍSTICOS (opcional)

Figura 6.2: Descrição seção de metodologia de artigos em bioquímica (Kanoksilapatham, 2005)

Já nas áreas das ciências sociais e humanas, um estudo detalhado desenvolvido por Lim (2006) especificamente sobre a seção de metodologia de artigos acadêmicos em administração, há algumas diferenças significativas quanto ao tipo de informação que aparece nessa seção:

---

1 DESCREVER PROCEDIMENTO(S) DE COLETA DO DADOS

Passo 1 descrever a amostra

- (a) descrevendo o local da amostra
- (b) descrevendo o tamanho/dimensão da amostra/população
- (c) descrevendo as características da amostra
- (d) descrevendo a técnica ou critério de amostragem

Passo 2 narrar os passos da coleta de dados

Passo 3 justificar o(s) procedimento(s) de coleta de dados

- (a) destacando vantagens em se usar a amostra
- (b) mostrando a representatividade da amostra

2 DELINEAR O(S) PROCEDIMENTO(S) PARA MENSURAR VARIÁVEIS
Passo 1 apresentar uma visão geral do *design*
Passo 2 explicar o(s) método(s) para mensurar variáveis
(a) especificando itens em questionários/bases de dados
(b) definindo as variáveis
(c) descrevendo métodos para mensurar as variáveis
Passo 3 justificar o(s) método(s) para mensurar as variáveis
(a) citando métodos de pesquisas prévias
(b) destacando a aceitabilidade do(s) método(s)
3 ELUCIDAR O(S) PROCEDIMENTO(S) DE ANÁLISE DOS DADOS
Passo 1 relatar (ou narrar/recontar) os procedimento(s) de análise dos dados
Passo 2 justificar os procedimento(s) de análise dos dados
Passo 3 prever resultados

Figura 6.3: Descrição seção de metodologia de artigos da administração (Lim, 2006)

Em geral, a metodologia é uma narrativa das ações desenvolvidas na pesquisa. Assim, o autor faz indicação de quando cada uma das ações foi realizada, sinalizando essas ações por verbos no passado relacionados à atividade de pesquisa, tais como: "coletou/coletaram-se, foram coletados", "analisou/analisaram-se, foram analisados", "examinou/examinaram-se, foram examinados" e expressões que demarcam a ordenação entre essas ações (por exemplo, datas e advérbios como "primeiramente", "em seguida", "por fim").

Exemplo 6.1

A#1

A presente pesquisa é do tipo descritiva, exploratória, aplicada, de cunho qualitativo. Após a realização de um piloto na mesma instituição, no período de julho a outubro de 1999, no qual os sujeitos pesquisados foram treze gerentes de diferentes áreas do hospital, (...), definiram-se alguns conceitos fundamentais a serem trabalhados, adicionais aos propostos *a priori*, que também foram confirmados.

No estudo piloto, haviam sido identificados quais eram os "elementos chave" referentes a conflitos,

A metodologia fornece uma descrição dos sujeitos, categorias, e das ações ou procedimentos, geralmente seguindo uma ordem cronológica dos fatos.

ou seja, que sentimentos ou conceitos os gerentes possuem e a quais associam a situação conflituosa. Foram identificados conceitos como personalidade, comunicação e poder, em que autores identificados para abordagem destes referenciais foram Berne (1963, 1976, 1977, 1983, 1985), Steiner (1976, 1997) e Krausz (1980, 1991). Essas identificações de conceitos serviram de base para a construção do instrumento de pesquisa. Tratou-se de formulário semiestruturado, com questões abertas que permitem ao entrevistador captar a perspectiva dos participantes. O passo seguinte foi a análise das respostas. As questões dissertativas foram agrupadas de acordo com o referencial teórico pertinente. Este agrupamento foi realizado através de diferentes "tipologias".

No exemplo 6.1, o autor sucintamente descreve:

- participantes/sujeitos (treze gerentes de diferentes áreas do hospital);
- materiais (o instrumento de pesquisa foi um formulário semiestruturado, com questões abertas, dissertativas);
- categorias (conceitos fundamentais, "elementos chave" referentes a conflitos, conceitos como personalidade, comunicação e poder);
- ações ou procedimentos de pesquisa (definiram-se, foram confirmados, haviam sido/foram identificados; [as respostas] foram agrupadas (de acordo com o referencial teórico pertinente); (as variáveis foram estabelecidas, foram feitas duas amostragens, o tratamento estatístico foi aplicado, as categorias de análise foram identificadas no *corpus*);
- ordem cronológica dos fatos (após a realização de um estudo piloto, *a priori*, o passo seguinte); e
- tempo e espaço (no período de julho a outubro de 1999, na mesma instituição).

Swales (1990, p. 168) cita estudos prévios sobre gêneros acadêmicos para explicar que a metodologia tem um estilo diferenciado das outras seções, pois nela o autor tende a apresentar os procedimentos e os materiais usados na pesquisa em uma lista de itens, em uma linguagem sintética. Nesses termos, a metodologia se aproxima de uma narrativa em que o autor vai relatando cada passo dado ao longo do processo de coleta e de análise, sem interpretações ou deduções de dados, mas apenas descrição dos recursos usados e narrativa das ações realizadas com esses recursos para coletar e analisar esses dados, sem mencionar ainda quais os dados obtidos ou como eles foram interpretados. Os dados obtidos e sua respectiva interpretação serão apresentados mais adiante na seção de resultados e discussão (ver capítulo 7 neste volume).

Swales e Feak (1994, p. 165) postulam que a metodologia pode gerar um acalorado debate em algumas áreas como ciências sociais, saúde pública e educação. Muitas vezes, a parte inovadora e, portanto, mais importante em um estudo, é a publicação de algum avanço no método de pesquisa. Em outras áreas como a química e a física, os pesquisadores demonstram ter práticas de construção de conhecimento mais padronizadas e uniformes (Motta-Roth, 1995). Em função dessas diferenças de concepção de conhecimento estabelecido e compartilhado num e noutro caso, as seções de metodologia podem variar consistentemente.

Cordeiro (1999) sugere algumas estratégias para a definição da metodologia em três tipos de pesquisa:

(1) exploratórias;

(2) descritivas (ou de campo);

(3) experimentais.

A pesquisa exploratória pode ser definida como bibliográfica e documental. Nesse caso, a metodologia envolverá o procedimento de levantamento da bibliografia e os documentos referentes ao problema em questão. Pesquisas desse tipo podem servir de base para subsequentes pesquisas experimentais, uma vez definido o que se sabe na bibliografia já publicada sobre o assunto.

O material de análise ou *corpus* da pesquisa bibliográfica e documental poderá compreender, portanto, a literatura sobre o assunto, os documentos de arquivos públicos/particulares, a imprensa escrita, as fontes estatísticas, as correspondências, as fotos e gravações em áudio e vídeo de pessoas envolvidas na questão (Cordeiro, 1999, p. 97-98). Esse tipo de pesquisa é muito comum na área de estudos literários e em história. Um exemplo seria o estudo das práticas sociais e comerciais na época das descobertas de novos territórios (como o Brasil) a partir de bibliografia de outros autores e documentos ligados às viagens de navegação.

Na pesquisa descritiva ou de campo, tentaremos observar fatos humanos ou sociais (ou físico-químicos?) tal qual ocorrem, atentando para as variáveis que afetam esses fatos e registrando-as, para tentar confirmar ou rejeitar nossa hipótese. Esse tipo de pesquisa, muito usado em ciências sociais, é desenvolvido por meio de instrumentos de observação como o questionário e a entrevista. Um exemplo desse tipo seria entrevistar mulheres sobre técnicas e drogas para evitar a concepção (Cordeiro, 1999, 109-110). Em pesquisas de que participam seres humanos, há procedimentos e instrumentos envolvendo ética em pesquisa. Verifique a necessidade de incluir o "termo de consentimento livre e esclarecido" com a assinatura das pessoas envolvidas na pesquisa. Além disso, será necessário elaborar um "termo de confidencialidade", assinado por você, para garantir a confidencialidade do material com informações sobre os sujeitos. Veja exemplo de ambos os termos no capítulo 3.

Por fim, as pesquisas experimentais são principalmente usadas para estudar fenômenos das ciências exatas. Nesse tipo de pesquisa, há a manipulação de variáveis, produzindo fenômenos sob condições controladas. O pesquisador pode assim recriar artificialmente o contexto do fenômeno a ser pesquisado. Uma pesquisa desse tipo poderia consistir em um estudo comparativo entre as mudanças ocorridas em duas cidades semelhantes a partir da instalação de uma indústria em apenas uma delas (Cordeiro, 1999, p. 118).

Seja qual for o tipo de sua pesquisa, lembre-se de anotar *todos* os procedimentos adotados na ordem em que ocorreram. Isso facilitará a redação da metodologia em seu artigo.

SUGESTÃO DE ATIVIDADES

1. Analise a metodologia dos textos que você escolheu como referência para seu próprio trabalho. Verifique que sujeitos, instrumentos, procedimentos e critérios estão envolvidos na pesquisa.
2. Identifique os "sintagmas lexicais" (as expressões) que sinalizam a presença, no texto, desses sujeitos, instrumentos, procedimentos e critérios envolvidos na pesquisa, conforme os exemplos de sinalizadores (de coleta e análise) fornecidos abaixo:

Coleta: *Os dados são coletados a partir dos procedimentos que apresentamos a seguir...; Os critérios utilizados para coleta dos dados foram...; Em primeiro lugar ...; Em segundo lugar...; Em seguida...; O próximo passo....; Primeiramente, os sujeitos x e y foram selecionados por critérios de z; em seguida, todas as populações envolvidas foram x; cada sujeito foi então y.*

Análise: *Para a análise dos dados, adota(m)-se o(s) seguinte(s) critério(s)...; Os critérios utilizados para análise dos dados foram...; Tomaremos por base...; Primeiramente/em primeiro lugar...; A seguir/em seguida/em segundo lugar...; Finalmente/por fim....*

3. Observe as sentenças abaixo relacionadas à descrição de um processo (Swales, Feak, 1994, p. 66-67):

Um espécime é coletado. **O espécime é catalogado.** **O espécime é analisado.** **Os resultados são anotados.** **Um formulário é preenchido com os dados coletados.** **O formulário é enviado à pessoa encarregada de verificar a adequação do mesmo.** **O formulário é lido.** **O formulário é revisado.** **O formulário é arquivado.**

Colocadas justapostas, essas nove sentenças não perfazem um bom texto descritivo de processo: "Um espécime é coletado. O espécime é catalogado. O espécime é analisado. Os resultados são anotados".

Seria preferível usar elementos de ligação para ordenar essas ações como em: "Em primeiro lugar, a amostra é coletada, secada e pesada". Ou "A amostra é limpada, secada e, em seguida, pesada".

Pense em como reescrever essas sentenças na forma de uma pequena narrativa dos procedimentos envolvidos em um experimento.

4. Observe o exemplo 6.2 e tente reconhecer elementos pertinentes à metodologia desse estudo (na área de zootecnia). Tente identificar a menção de elementos relativos a:

1. sujeitos;
2. materiais;
3. categorias;
4. ações;
5. procedimentos;
6. ordem cronológica dos fatos; e
7. tempo e espaço.

Exemplo 6.2

Z#1

Materiais e método

Foram utilizados 12 cães, adultos, clinicamente sadios, sem raça definida, quatro machos e oito fêmeas, com peso variando de 9 a 18 kg, oriundos do Biotério Central da Universidade Federal de Santa Maria. Seis cães foram separados em um grupo para avaliação até 30 dias de pós-operatório e os demais, até 60 dias. Esses animais permaneceram sob observação clínica num período de sete dias, e após serem vermifugados, foram mantidos em alojamentos individuais com alimentação e água à vontade. Após jejum prévio de 12 horas, os animais foram tranquilizados com maleato de acepromazina (Acepran 1%. Univet S.A. São Paulo, SP) (0,1 mg/kg de peso corporal), via intravenosa (IV) e raspados os pelos da região torácica lateral direita. Realizou-se a indução anestésica com tiopental sódico (Thionembutal. Abbot Laboratório do Brasil. São Paulo, SP) 2,5% (12,0 mg/kg de peso corporal, IV) e após entubação orotraqueal, foram mantidos sob anestesia inalatória num plano cirúrgico com halotano (Halotane. Cristália do Brasil. São Paulo, SP) e ventilados por pressão positiva com oxigênio. Com a contenção dos animais em decúbito lateral esquerdo, realizou-se antissepsia do campo operatório com álcool-iodo-álcool.

Para a preparação da solução supersaturada de açúcar (Açúcar Cristal Peneirado. Copersucar. São Paulo, SP) a 300%, foram utilizados 300 gramas de açúcar cristalizado em 100 mililitros de água tridestilada, obtendo-se no final uma solução na proporção 3:1. Para montagem do banco de enxerto, segmentos de músculo diafragma foram obtidos de cães necropsiados no setor de patologia e que aparentemente não apresentavam alterações nessa musculatura. Para a preparação do segmento, removeu-se todo o músculo diafragma preservando somente a porção do ventre muscular. Em seguida, o segmento foi banhado abundantemente com solução fisiológica NaCl 0,9% e colocado em frasco contendo solução supersaturada de açúcar a 300%, onde permaneceu imerso para conservação e armazenamento, num período não inferior a 30 dias, em temperatura ambiente. O segmento de músculo diafragma homólogo foi removido do frasco com solução de açúcar 15 minutos antes do implante, enxaguado abundantemente com solução salina e imerso numa cuba rim estéril contendo solução fisiológica NaCl 0,9% à temperatura ambiente para hidratação. O músculo diafragma homólogo foi preparado confeccionando-se um segmento de dimensões suficientes para ocluir o defeito diafragmático provocado.

O acesso ao músculo diafragma foi mediante toracotomia no 10° espaço intercostal direito. Após a identificação do músculo diafragma e com auxílio de uma lâmina radiográfica estéril de dimensões 4,0´4,5 cm, demarcou-se uma área do músculo diafragma direito com quatro pontos de reparos de fio poliamida (fio de náilon Grilon - Indústria Nacional de Plásticos, SP) 0,25 em cada ângulo da extremidade. Em seguida, removeu-se com bisturi por entre os pontos de reparo um segmento do músculo diafragma, que resultou num defeito de mesmas dimensões. O segmento de músculo diafragma homólogo foi fixado às bordas da ferida diafragmática pelos quatro pontos anteriormente empregados como reparos. A seguir, completou-se a sutura com o mesmo tipo de fio utilizando-se pontos de Wolff com sobreposição de bordas de modo que os nós permanecessem sobre a face torácica do enxerto.

A toracorrafia foi realizada com pontos simples contínuos de fio poliamida[5] 0,30, sendo o de pele, com pontos simples separados com o mesmo tipo de fio. O restabelecimento da pressão negativa intratorácica ocorreu no terço médio do sétimo espaço intercostal com agulha 25´8, adaptada a seringa de 60ml, por meio de torneira de três vias.

Foram utilizados ampicilina sódica (ampicilina sódica Ariston. Ariston Indústria Química. São Paulo, SP) (20,0 mg/kg de peso corporal, IV), 30 minutos antes do início da cirurgia, e anti-inflamatório flunixin meglumine (Banamine. Schering-Plough. Rio de Janeiro, RJ) (1,0 mg/kg de peso corporal, IV), logo após o término da cirurgia e por via intramuscular, durante dois dias.

No pós-operatório, a ferida cirúrgica cutânea foi submetida a curativo local com timerosal (Merthiolate 1:1000. Eli Lilly do Brasil. São Paulo, SP) a 1:1000 durante 10 dias e os pontos de pele retirados com oito dias de pós-operatório.

Os animais foram observados diariamente mediante avaliação clínica, sendo seis cães até o 30º dia de pós-operatório e os demais, até o 60º dia, quando foram reoperados para avaliação macroscópica e coleta de fragmentos para estudo em microscopia óptica da área de enxertia. Os cortes histológicos foram corados pelas técnicas de hematoxilina-eosina (HE) e tricrômico de Masson (TM).

5. Observe que o fato de verbos aparecerem juntos, em sequência, na mesma sentença, pode acarretar ambiguidade. Como resolver esse problema nas orações abaixo?

   A. O líquido foi coletado e guardado durante 24 horas.

   B. A amostra foi coletada e guardada em um frasco estéril.

   C. Em pesquisas de mercado, os sujeitos são selecionados e entrevistados por telefone.

6. Tente escrever a primeira versão da sua seção de metodologia. Leia o que você escreveu e tente analisar os critérios que utilizou para descrever os passos de seu estudo. Se você envolveu sujeitos em sua pesquisa, observe se os descreveu precisamente em relação aos fatores relevantes ao estudo (idade, sexo, origem socioeconômica, grau de escolarização etc.). Lembre-se de incluir, se for necessário, o "termo de consentimento livre e esclarecido" com a assinatura das pessoas envolvidas na pesquisa e o "termo de confidencialidade", assinado por você.

CAPÍTULO 7 ARTIGO ACADÊMICO: ANÁLISE E DISCUSSÃO DOS RESULTADOS

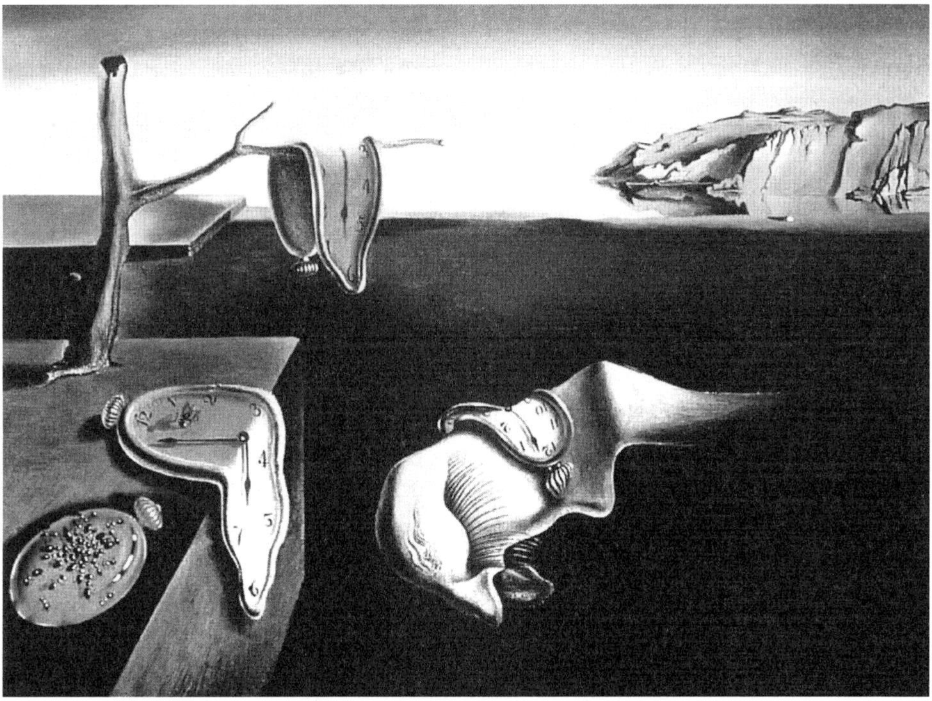

Salvador Dalí: "A Persistência da Memória" (1931)

7.1 Em que consistem a análise e a discussão dos resultados de pesquisa?

Na seção que frequentemente recebe o título de "Resultados e discussão", os dados obtidos no estudo são apresentados, comentados, interpretados – com o auxílio de um número (variável) de exemplos – e discutidos em relação ao que se avançou no conhecimento do problema, em relação ao estado da arte.

Conforme indicado no capítulo 4, sobre a seção de introdução do artigo acadêmico, na seção de resultados e discussão ocorre uma transição: de uma visão concentrada nos procedimentos do estudo reportado, o foco vai se ampliando dos dados para sua interpretação. Interpretam-se os dados em relação ao que se sabe sobre o assunto a partir de pesquisas na área. Amplia-se o foco gradativamente: dos resultados do estudo em direção às questões gerais da disciplina, ressaltadas na introdução.

Como ponto de partida para discutir os resultados, aconselhamos que você volte aos artigos relacionados a seu tópico de interesse. Isso seria o mais adequado em vista da relação essencial e determinante que se estabelece entre duas dimensões: de um lado, estilo e estratégia adotados na discussão e, de outro, o conhecimento da coletividade dos pesquisadores que estudam o mesmo tema e as questões a serem respondidas.

Outro fator determinante é a ordem em que se apresentam as várias seções do artigo acadêmico. Ao chegar à seção de resultados e discussão, já existe uma grande porção de conhecimento compartilhado entre autor e leitor em torno do objetivo do estudo, metodologia adotada e dados de pesquisa (Swales e Feak, 2004, p. 269). Por essa razão, podem-se eleger com maior liberdade os pontos a enfatizar na discussão dos resultados (idem).

A configuração da seção de resultados, como de resto qualquer seção de qualquer gênero discursivo acadêmico, varia de acordo com a área de conhecimento para a qual escrevemos:

> Por exemplo, alguns cientistas, talvez especialmente aqueles nas ciências da vida, acreditam que uma discussão longa sugere que a metodologia e os resultados estão fracos, enquanto que cientistas sociais e humanistas podem bem acreditar o oposto (idem, p. 268).

De modo geral, *se os resultados se referem* à descrição dos **fatos verificados** no *corpus* estudado, então a discussão gira em torno de **pontos a serem interpretados sobre esses fatos** (idem, p. 269). Nesse sentido, a discussão é mais do que um sumário dos resultados, indo além deles.

A visão adotada na introdução é a de pirâmide invertida, isto é, do mais geral para o mais específico. Aqui se deve fazer o caminho inverso, adotando a perspectiva do todo dos resultados e do trabalho.

A seção de discussão dos resultados é o ponto do texto em que o autor muda de foco. Se, na seção anterior, ele havia se concentrado na descrição da metodologia, agora é o momento em que ele dá alguns passos para trás para ter uma visão geral dos dados e colocá-los em perspectiva no estudo como um todo (idem, ibidem).

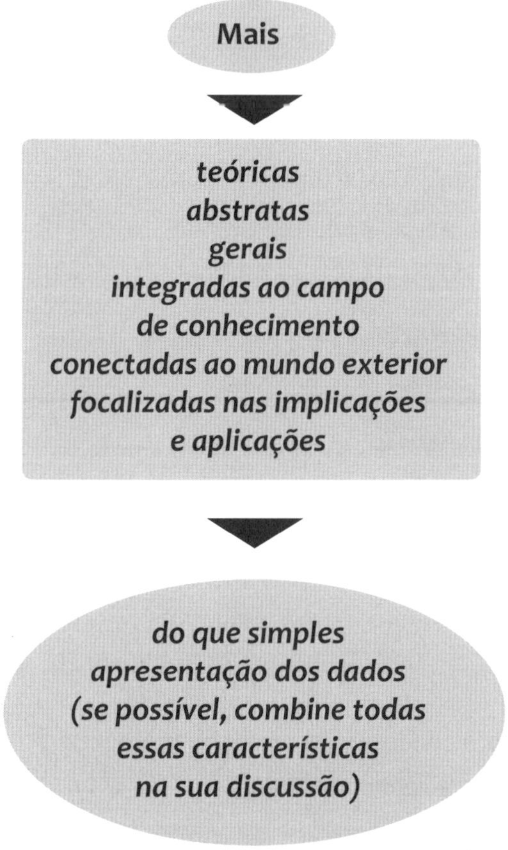

Figura 7.1: Características da seção de discussão dos resultados (Swales, Feak, 2004, p. 269)

7.2 Estrutura retórica: como se organiza a seção de resultados e discussão?

Vários autores, analisando artigos acadêmicos de diferentes áreas, propõem modelos que descrevem o tipo e a organização da informação da seção de resultados e discussão (Hopkins, Dudley-Evans, 1988; Brett, 1994; Holmes, 1997; Silva, 1999), os quais são interpretados de acordo com as idiossincrasias das disciplinas investigadas.

De modo geral, entretanto, podemos perceber que grande parte das informações que esses modelos apresentam são recorrentes. Assim, podemos sintetizá-las basicamente em termos de oito movimentos, conforme a figura 7.2:

MOVIMENTO 1 - Recapitulação de informação metodológica

MOVIMENTO 2 - Declaração dos resultados

MOVIMENTO 3 - Explicação do final (in)esperado

MOVIMENTO 4 - Avaliação da descoberta

MOVIMENTO 5 - Comparação da descoberta com a literatura

MOVIMENTO 6 - Generalização

MOVIMENTO 7 - Resumo

MOVIMENTO 8 - Conclusão

Figura 7.2: Síntese da organização retórica da seção de resultados e discussão

Com exceção de movimentos essenciais como declaração dos resultados, explicação do final in(esperado), comparação da descoberta com a literatura e conclusão, todos os outros movimentos retóricos podem ser usados com maior ou menor frequência, dependendo das circunstâncias do estudo. Esses movimentos são relevantes, pois a função do gênero artigo acadêmico é relatar RESULTADOS de uma pesquisa, avaliando-os em relação à literatura na área e fornecendo uma conclusão quanto a seu significado.

O **movimento 1**, Recapitulação de informação metodológica, é aquele em que você "relembra" as etapas de análise do seu estudo, indicadas previamente na metodologia, uma vez que seus resultados serão apresentados de acordo com essas etapas. Dessa forma, ao retomar algumas informações técnicas ou as etapas da metodologia, você poderá usá-las como critério para estruturar a seção de resultados e discussão.

Depois de rememorar o leitor sobre o embasamento metodológico, você obrigatoriamente deve apresentar os resultados do seu estudo, tratando dos resultados principais logo de início e deixando os menos relevantes para apresentar por último (Swales, 1990, p. 172). O **movimento 2**, Declaração dos resultados, é basicamente descritivo e, em geral, envolve valores numéricos ilustrados por tabelas e gráficos. Pode compreender a comparação entre duas ou mais variáveis analisadas, a indicação de mudança com o passar do tempo e a relação entre variáveis. Uma tabela inicial pode dar uma visão geral dos resultados. O objetivo da tabela é oferecer o máximo de esclarecimentos sobre relações entre variáveis estudadas, gastando o mínimo de espaço e tempo (Cordeiro, 1999, p. 121).

Exemplo 7.1

B#1

Resultados

Na área total amostrada da restinga de Jurubatiba, encontraram-se dez espécies de bromélias, pertencentes a cinco gêneros (tabela 1). As espécies de bromélias com maior abundância na restinga de Jurubatiba foram Aechmea nudicaulis, Neoregelia cruenta e Tillandsia stricta (tabela 1). As dez espécies de bromélias encontradas na área amostrada do PNRJ utilizam os mais diversos tipos de substratos; algumas espécies têm hábito epifítico, outras ocupam o solo arenoso das áreas abertas ou o solo coberto por folhiço da área de mata, havendo aquelas que ocupam mais de um tipo de substrato (tabela 1).

Declaração dos resultados: síntese introdutória

Com relação à biomassa das bromélias amostradas, houve diferença significativa entre os valores médios das espécies na área amostrada do PNRJ (ANOVA; F = 18,445; p < 0,001), sendo Bromelia antiacantha a espécie com maior biomassa (tabela 2). Quando comparadas par a par, os valores de biomassa foram significativamente diferentes para algumas espécies (tabela 2). O volume de água no interior das espécies de bromélia na restinga foram significativamente diferentes (ANOVA, F = 13,534, p < 0,001). No teste de comparações múltiplas, algumas espécies diferiram significativamente (tabela 2). A espécie de bromélia que teve o maior volume de água reservado no interior do vaso foi Neoregelia cruenta (tabela 2).

Comparação

> A composição das espécies de bromélia variou entre as zonas da restinga, sendo as zonas AAE e MPI (ambas possuindo nove espécies de bromélias) as áreas com maior riqueza de espécies, seguidas da zona AAC, com riqueza de oito espécies. A zona PHR foi a única das zonas de vegetação da restinga de Jurubatiba onde não ocorreu nenhuma espécie de bromélia. (...)

No **movimento 3**, Explicação do final (in)esperado, você passa para uma etapa da seção de resultados e discussão caracterizada pela subjetividade (interpretação), em oposição à etapa de descrição, caracterizada pela objetividade (apresentação de quantias, frequências, medidas etc.). Nesse momento, você interpreta, discute os dados, tentando explicar as possíveis causas, razões e circunstâncias. Essa discussão pode estar voltada tanto para os dados esperados quanto para aqueles inesperados ou que contrariam a literatura na área (Swales, 1990, p. 173). Os dados serão esperados quando se alinharem a hipóteses, expectativas ou informações já apontadas nas seções iniciais do seu artigo e serão inesperados quando forem diferentes delas.

No **movimento 4**, Avaliação da descoberta, depois de explicar os resultados de seu estudo, você poderá avaliá-los, indicando em que medida são significativos e quais são as consequências para a área em que seu estudo se insere. Para dar suporte a sua avaliação da descoberta, você poderá, no **movimento 5**, Comparação da descoberta com a literatura, fazer referência a pesquisas prévias na área, comparando sua descoberta com a literatura: seus resultados são similares ou diferentes? Esse movimento de referência à literatura é um dos mais comuns em artigos científicos (Swales, 1990, p. 173).

A partir daí, no **movimento 6**, Generalização, você poderá elaborar generalizações, que podem ser direcionadas especificamente para seu estudo, ou ainda para sua área como um todo. Nesse último caso, no entanto, é preciso levar em consideração que as generalizações só poderão ser elaboradas se o *corpus* de seu trabalho for de fato representativo em sua área. Swales (1990, p. 172-173) identifica ainda movimentos de exemplificação ou dedução e hipótese, para dar suporte a uma generalização, antes de passar para as recomendações para futuras pesquisas.

No **movimento** 7, Resumo, você poderá destacar os "melhores momentos" do trabalho, ou seja, seus resultados mais relevantes e fazer sugestões para futuras pesquisas.

No **movimento 8**, Conclusão, é importante fazer algumas observações. Essa seção pode aparecer como uma subparte da discussão dos resultados, sem uma sinalização formal. Ou pode ainda aparecer como uma seção independente explicitamente sinalizada por um título como "conclusão" ou "considerações finais".

No primeiro caso, na seção de discussão/conclusão (Day, 1988, p. 44), o(a) autor(a):

(a) resume e interpreta os resultados obtidos no trabalho (e não os recapitula);

(b) demonstra como seus resultados e interpretações concordam ou contrastam com pesquisas prévias, oferecendo possíveis razões para os resultados obtidos;

(c) não é tímido(a); discute as implicações teóricas do trabalho, bem como suas possíveis aplicações práticas;

(d) apresenta clara e resumidamente as evidências para a conclusão;

(e) recomenda futuros aprofundamentos das questões discutidas no trabalho, deixando aberta uma lacuna a ser preenchida por futuras pesquisas.

A seção de discussão/conclusão (e, portanto, o artigo) comumente se fecha com um breve sumário ou conclusão do que foi feito e a significação disso para a área. O tempo verbal, nessa seção, geralmente varia entre o presente e o pretérito para fazer referência ao que foi feito na pesquisa e aos resultados obtidos por outros pesquisadores.

No segundo caso, quando a conclusão aparece como uma seção independente, pode-se, em primeiro lugar, fazer algumas generalizações acerca das descobertas principais, identificar uma ou duas descobertas para tratar em detalhe, situar os resultados na literatura da área, ressaltar as contribuições e implicações teóricas, considerar em detalhe aplicações e implementações práticas a partir dos resultados obtidos (Swales, Feak, 2000, p. 219). Se for o caso, depois se pode ainda discutir as implicações para pesquisas subsequentes sobre o tópico (Barks, 1993), realizando-se os itens "d" e "e" acima.

Em todo caso, você dificilmente está na posição de oferecer ***a verdade***. O que você pode (e, na verdade, deve) fazer é elaborar ***uma interpretação.*** Assim, na maioria das vezes, o que você pode fazer é iluminar uma ***parte*** da verdade conforme seu estudo lhe permite vê-la, com base em sua reflexão e observação. Segundo Karl Popper (1959, p. 48), em ciência, qualquer afirmação deve ser testável ou passível de ser testada. Popper (idem) se recusava a aceitar resignadamente a existência de qualquer verdade ***absoluta*** na ciência, já que ela parece impossível de ser testada. Ele argumentava que, em ciência, não existe uma prova de verdade absoluta, já que uma explicação alternativa subsequente talvez venha a ser tão boa quanto, ou melhor do que, a anterior, assim a ciência avança apenas por tentativas de refutar o paradigma vigente. Ou seja, deve haver a possibilidade de um sistema científico ser refutado pela experiência.

Portanto, ofereça sua argumentação partindo do pressuposto de que se, por um lado, ela deve ser consistente, séria e com profundidade teórica, por outro, ela é a melhor explicação que você encontra, naquele momento, a partir de sua observação e reflexão. Além disso, você está oferecendo essa explicação para futuras refutações. Nesse sentido, suas sugestões para futuras pesquisas, envolvendo pontos que não puderam ser exaustivamente explicados no estudo (limitações de seu estudo), serão de grande valor.

Exemplo 7.2

B#1

Discussão

A variação espacial indicada pelo crescente aumento na riqueza de espécies de bromeliáceas desde a zona PHR até o cordão de mata (MPI) pode estar relacionada, em parte, com a diminuição da salinidade e da deposição de salsugem, que ocorre em grande quantidade na zona PHR e decresce em direção às zonas interiores (Hay & Lacerda, 1984; Pammenter, 1984; Gómez & Winkler, 1991), e com a variação espacial na disponibilidade de suporte para as espécies de bromélias epífitas. Os dados no presente estudo indicam que, para a restinga de Jurubatiba, as bromélias não constituem espécies da zona halófila psamófila. Outros estudos também têm mostrado que espécies desta

Explicação das possíveis causas do resultado

Referência a pesquisas prévias: resultados similares

família não são observadas nesta zona de restinga (Rawitscher, 1944; Pfadenhauer, 1978; Waechter, 1985; Henriques *et alii*, 1986; Araujo & Oliveira, 1988; Araujo *et alii*, 1998), a qual está susceptível à ação das ondas em épocas de tempestades (Araujo, 1992) e à alta salinidade (Pammenter, 1984), sendo o solo bastante pobre em nutrientes e água (Waechter, 1985).

A presença de moitas acarreta um aumento de sombreamento e de porcentagem de cobertura vegetal, oferecendo micro-hábitats com maior disponibilidade de nutrientes, umidade e temperatura mais amena (Franco *et alii*, 1984; Hay & Lacerda, 1984; Fialho & Furtado, 1993; Montezuma, 1997; Zaluar, 1997) e substratos potenciais para as espécies epífitas. A maior riqueza de bromélias nas zonas de vegetação AAC, AAE e MPI pode ser explicada pela maior cobertura do solo pelas moitas (Henriques *et alii*, 1986; Montezuma, 1997; Araújo *et alii*, 1998), altura do dossel e presença de substratos para epífitas, que cria diferentes e particulares condições para o estabelecimento de maior número de espécies de bromélias.

A espécie heliófila T. stricta, que suporta alta incidência de luz direta (Leme, 1984), provavelmente ocorre no interior das moitas desta restinga por ser sensível aos efeitos intensos da salinidade e por encontrar nesses micro-hábitats substratos apropriados para se estabelecer. Bromelia antiacantha ocorreu basicamente nas zonas FPP e MPI, assim como no estudo de Araújo *et alii* (1998). A presença de indivíduos desta espécie na zona FPP sugere maior tolerância à alta salinidade. As espécies N. cruenta e A. nudicaulis ocorrem em elevada abundância na região entre-moitas das zonas AAC e AAE no

Referência a pesquisas prévias: resultados similares

PNRJ, o que também pôde ser observado por Henriques *et alii* (1986).

Tal fato sugere que estas duas espécies possuem capacidade de sobreviver a altas incidências de luminosidade e elevada temperatura da areia, pois acumulam uma grande quantidade de água entre as suas folhas, o que manteria a temperatura mais amena, além de facilitar a absorção de nutrientes através de tricomas presentes nas folhas (Benzing, 1980). Alguns estudos (Hay & Lacerda, 1980; 1984; Zaluar, 1997) mostram que algumas espécies de bromélias em restinga são capazes de se estabelecer nos primeiros estágios de sucessão do desenvolvimento de moitas, pois absorvem os nutrientes através de células especializadas nas folhas (Benzing, 1980; Hay & Lacerda, 1984).

Das dez espécies de bromélias ocorrentes no PNRJ amostradas neste estudo, quatro (T. stricta, T. usneoides, T. gardneri e V. neoglutinosa) possuem larga distribuição no litoral brasileiro, ocorrendo nas porções sul e norte do litoral (Aragão, 1967). As espécies B. antiacantha e A. nudicaulis ocorrem restritas à porção sul do litoral do Brasil (de Ilhéus para o sul) (Aragão, 1967), sendo a primeira presente em todo o litoral do Rio de Janeiro (Araujo & Henriques, 1984). No estado do Rio de Janeiro, a espécie A. lingulata ocorre nas restingas de Cabo Frio (Fontoura *et alii*, 1991), Macaé, Araruama (Araujo & Henriques, 1984) e Massambaba (L. Cogliatti-Carvalho *et alii*, dados não publicados). Aechmea nudicaulis e N. cruenta ocorrem nas restingas de Macaé, Cabo Frio, Maricá (Araujo & Henriques, 1984; Fontoura *et alii*, 1991) e apenas a segunda espécie em Grumari (Fontoura *et alii*, 1991). No estado do Rio de Janeiro, A.

Referência a pesquisas prévias

bromeliifolia tem sua distribuição nas restingas de São João da Barra e Macaé (Fontoura *et alii*, 1991). Tillandsia recurvata ocorre, no estado do Rio de Janeiro, em Macaé, Cabo Frio, Araruama e Grumari (Araujo & Henriques, 1984).

As zonas AAC e AAE foram as mais similares em termos da composição de espécies de bromélias, o que seria esperado já que ambas são contínuas e estruturalmente similares, sendo caracterizadas pela formação de moitas esparsas. Localidades próximas geralmente refletem maior similaridade florística (Pereira & Araujo, 1995). Embora na zona AAC tenha ocorrido a maior abundância total de espécies, a zona AAE teve a maior densidade total. A AAE sofre menos influência do mar e está mais protegida da ação do vento quando comparada à AAC, o que pode amenizar a ação deletéria destes fatores ao desenvolvimento da vegetação (Montezuma, 1997). Além disso, a presença do lençol freático pouco profundo na zona AAE propicia a formação de moitas (Henriques *et alii*, 1986; Pereira & Araujo, 1995; Montezuma, 1997), criando micro-hábitats com condições de luminosidade, temperatura, umidade e salinidade mais favoráveis para o estabelecimento das espécies de bromélias. Em áreas mais abertas como a AAC, o espaçamento entre as manchas de vegetação é maior (Zaluar, 1997), elevando os níveis de incidência luminosa e de temperatura, o que pode representar condições adversas para a sobrevivência de diversas espécies vegetais (Fialho, 1990). Além disso, a AAC possui um menor percentual de matéria orgânica e nutrientes no solo do que a AAE, embora estes sejam, de modo geral, baixos nestas duas zonas (Hay & Lacerda, 1984). A abundância, a diversidade e a densidade de bromélias são menores na MPI do que em AAC e AAE, provavelmente devido à maior discrepância entre as abundâncias de bromélias terrestres e epífitas naquela zona. Na zona de MPI, a dominância é de espécies terrestres, com maior representatividade de apenas duas espécies (A. lingulata e A. bromeliifolia), enquanto as densidades das espécies epífitas são bastante baixas. A MPI possui maior quantidade de nutrientes e água no solo, sendo uma zona supostamente mais úmida quando comparada à região de moitas e entre moitas nas zonas AAC e AAE (Henriques *et alii*, 1986). Algumas espécies (V. neoglutinosa) são inexistentes na MPI, enquanto que nas demais zonas (AAC e AAE) a presença de epífitas promove maior verticalização na utilização do ambiente pelas plantas. As áreas com menor índice de similaridade de bromélias (FPP e MPI) foram as mais distantes entre si, e são compostas por tipos de vegetação, condições edáficas e de salinidade bastante peculiares a cada zona (Araujo *et alii*, 1998).

A maior biomassa de bromélias encontrada na zona FPP ocorreu provavelmente devido à elevada densidade nesta zona da espécie B. antiacantha, que possui o maior valor de biomassa entre as espécies de bromélias amostradas. AAE foi a zona de vegetação que possuiu o maior volume de água armazenado por hectare, e este fato provavelmente se deve à presença das espécies de bromélia-tanque N. cruenta, A. nudicaulis e A. lingulata, que ocorreram em alta densidade nesta zona e possuem elevada capacidade de reserva de água. Diversos estudos têm indicado que as bromélias-tanque são uma importante fonte de recursos para várias espécies que vivem diretamente associadas a elas (Picado, 1913;

Lopez, 1997; Oliveira & Rocha, 1997; Richardson, 1999) ou que passarão parte do dia ou da noite no interior do vaso (Britto-Pereira *et alii*, 1988), especialmente em locais onde o ambiente externo é pouco favorável ao desenvolvimento e sobrevivência destes organismos (Fialho, 1990; Fialho & Furtado,1993; Oliveira *et alii*, 1994 a, b; Oliveira & Rocha, 1997). O volume de água armazenado no vaso de bromélias depende da forma da roseta, da disposição das folhas e do tamanho e grau de dilatação das bainhas foliares (Leme, 1984), características que, no caso de N. cruenta, A. nudicaulis e A. lingulata, permitem o acúmulo de um grande volume de água. Além disso, na AAE, o nível do lençol freático é mais alto, chegando a tornar o terreno alagado em épocas de chuva (Henriques *et alii*, 1986; Montezuma, 1997), o que pode provavelmente contribuir para o maior volume de água no vaso das bromélias-tanque nesta zona, já que torna o ambiente menos xérico. Em ambientes como as restingas, em que as condições ambientais são extremas devido à alta temperatura e à alta exposição à luz solar (Fialho, 1990), as espécies de bromélias que armazenam grandes volumes de água, como N. cruenta, A. nudicaulis e A. lingulata, tornam-se uma importante fonte deste recurso para diversas outras espécies animais e vegetais.

Explicação das possíveis causas dos resultados, comparação entre variáveis

Avaliação da descoberta

Conclusão

Conclui-se que a estrutura e a composição de Bromeliaceae do Parque Nacional da Restinga de Jurubatiba varia fortemente entre as cinco zonas estudadas, devido ao aumento da complexidade do ambiente com o distanciamento da linha de praia, o que favorece a ocorrência de maior número de espécies, especialmente de bromélias epífitas. Os dados também sugerem que cada zona é composta por um conjunto particular de espécies de bromélias, resultando na caracterização de cada uma das zonas de vegetação com base na ocorrência de espécies de Bromeliaceae dominantes em cada zona entre aquelas existentes nesta restinga Em ambientes como as restingas, em que as condições ambientais são extremas devido à alta temperatura e à alta exposição à luz solar (Fialho, 1990), as espécies de bromélias que armazenam grandes volumes de água, como N. cruenta, A. nudicaulis e A. lingulata, tornam-se uma importante fonte deste recurso para diversas outras espécies animais e vegetais.

Conforme apontado anteriormente, há movimentos opcionais nas representações esquemáticas que descrevem a estrutura das diferentes seções do artigo acadêmico. No caso da discussão dos resultados, Swales e Feak (2004, p. 270), por exemplo, propõem uma ordenação de movimentos retóricos que indica informações obrigatórias e opcionais:

MOVIMENTO 1 - Pontos para consolidar o espaço de sua pesquisa (obrigatório)

MOVIMENTO 2 - Pontos para indicar as limitações de sua pesquisa (opcional, mas comum)

MOVIMENTO 3 - Pontos para recomendar uma estratégia de ação e/ou identificar áreas relevantes para futuras pesquisas (opcional e comum apenas em algumas áreas)

Figura 7.3: Representação esquemática da discussão de resultados (Swales, Feak, 2004, p. 270)

Embora esses autores entendam que o **movimento 3** seja opcional, nossa experiência como leitores indica que um pesquisador parecerá mais articulado quanto mais puder apontar de forma perspicaz os pontos fortes e fracos de seu trabalho e remeter leitores de seus textos a novas pesquisas. Swales (1990, p. 173), no entanto, faz a ressalva de que o movimento retórico de indicação de possíveis questões interessantes de pesquisa para novos estudos torna-se raro em artigos publicados por cientistas nos Estados Unidos porque não desejam dar vantagem a outros colegas no mercado cada vez mais competitivo de bolsas de pesquisa.

7.3 A seção de resultados e discussão de estudos que comentam/comparam/contrastam

A organização de uma discussão de resultados, em que se comentam, comparam ou contrastam resultados experimentais ou questões teóricas de determinada área de conhecimento, pode seguir pelo menos dois padrões retóricos básicos: **ponto a ponto** ou **totalidade de pontos de um/de outro**. Tome-se, por exemplo, o tópico de duas drogas, S e R, testadas no tratamento de câncer. Os pontos para comparação/contraste podem ser custo, *performance* e bem-estar do paciente.

Ponto a ponto

Em uma organização **ponto a ponto**, você compara/contrasta, sentença a sentença, as características de cada um dos elementos envolvidos (exemplo 7.3).

Exemplo 7.3

Ideia central: A droga S é melhor do que a droga R no tratamento de câncer.

1. Custo: as drogas S e R diferem em relação ao custo: (a) droga S; (b) droga R.
2. Performance: (a) droga S; (b) droga R.
3. Bem-estar do paciente: (a) droga S; (b) droga R.

À medida que o ensaio avança, você pode ir **preenchendo as lacunas** do texto com subtópicos (exemplo 7.4).

Exemplo 7.4

1. Custo: as drogas S e R diferem em relação ao custo.
   (a) A droga S é muito cara para manter: a.1 Duração; a.2 Média de gastos.
   (b) A droga R é econômica: b.1 Duração; b.2 Média de gastos.
2. Performance: as drogas S e R diferem em relação à sua eficácia no tratamento.
   (a) A droga S faz efeito mais rapidamente, mas tem fortes efeitos colaterais.
   (b) A droga R faz efeito mais lentamente, mas tem efeitos colaterais fracos.

A organização ponto a ponto é mais útil em textos envolvendo tópicos mais complexos, pois sua estrutura torna claro o argumento do ensaio.

Totalidade de pontos de um/de outro

Em uma organização **totalidade de pontos de um/de outro**, você compara/contrasta os itens de cada um dos elementos envolvidos em blocos. Ou seja: na primeira parte/no primeiro parágrafo, você discute todos os itens do primeiro elemento e, na segunda parte/no segundo parágrafo, todos os itens do segundo elemento na mesma ordem em que eles foram discutidos no primeiro parágrafo (exemplo 7.5).

Exemplo 7.5

Ideia central: a droga S é melhor do que a R no tratamento da doença.
1. A droga S: 1a. Custo; 1b. Performance; 1c. Bem-estar do paciente.
2. A droga R: 2a. Custo; 2b. Performance; 2c. Bem-estar do paciente.

Um dos problemas com esse tipo de organização é que se torna, muitas vezes, difícil lembrar o leitor, durante a segunda seção de comparação, de como os pontos da primeira seção se comparam ou contrastam com os da segunda. Portanto, em geral, esse padrão é mais útil para passagens de extensão limitada.

7.4 Características linguísticas da seção de resultados e discussão

Nesta seção, fornecemos alguns exemplos de expressões que "sinalizam" para o leitor a organização do texto de forma a orientá-lo durante a leitura, facilitando o processo de produção de significado.

(a) Expressões ou "sintagmas lexicais" (Nattinger, De Carrico, 1992) que funcionam como marcadores na seção de resultados e discussão são:

Resultados: Os resultados podem ser sumarizados em...; Não/houve diferenças significativas em...; Os resultados mostraram uma tendência maior/menor em x do que...; Os resultados em relação a y foram mais/menos frequentes do que o esperado....

Discussão: Os resultados parecem apontar x; A diferença principal entre x e y é...; A diferença principal de pesquisas anteriores é...; Os dados parecem confirmar os resultados obtidos no estudo de...; As limitações para este estudo foram x, y, z; Os resultados do estudo seriam mais conclusivos se...; Os resultados foram/não foram conclusivos em relação a x; As conclusões em relação aos resultados têm um alcance limitado devido a y; Pode-se considerar que... Isto está em desacordo com...; Isto vem ao encontro de...; Tanto x quanto y são similares no que tange a..., Improvável que x em relação a y.

Conclusão: Em resumo/Concluindo, pode-se generalizar...; Para resumir/concluir...; Para recuperar o argumento inicial...; Esses resultados evidenciam que...; Aparentemente somos testemunhas da fase inicial de uma explosão populacional clássica... (Swales, Feak, 2004, p. 271).

É interessante notar que na discussão dos dados usa-se frequentemente uma série de marcadores metalinguísticos que indicam um discurso mais modalizado para sinalizar incerteza, possibilidade ou probabilidade, do que para sinalizar certeza, justamente porque não nos encontramos na posição de oferecer a ***verdade***.

No caso do exemplo B#1, esses marcadores são: "Pode estar relacionada; pode ser explicada; provavelmente ocorre; sugere; o que pode amenizar; o que pode representar; provavelmente devido a; o que pode provavelmente".

(b) Verbos usados para apresentar, discutir e avaliar resultados são:

- asseverar: argumento/amos que x; é possível/pode-se argumentar/dizer/crer/contradizer que x; aparentemente é/parece possível/provável/indiscutível/discutível que x;
- concordar: conforme x acertadamente propõe; eu/nós de alguma forma/veementemente concordo/amos/apoio/amos (a ideia de) x; x fornece evidências/parece reforçar a ideia de y de que z.
- discordar: conforme x nos leva a crer; eu/nós de alguma forma/veementemente/ discordo/amos com x; conforme argumentado por x (um tanto quanto) erroneamente/equivocadamente; x não apoia o argumento/a conclusão de y de que z; embora x proponha y, eu/nós acreditamos z.

- comparar: tanto x quanto y são (bastante) similares quanto a z; x é como/parece com y; tanto ___ e ___; x e y têm alguns aspectos de z; x e y têm em comum z; x não difere de y em relação a z.
- contrastar: x é (um tanto) diferente de y (em relação a z); x não é o mesmo caso de/o mesmo que y; x de forma alguma se assemelha a y; x contrasta com y (em z); x difere de y em relação ao aspecto z.
- recomendar: recomenda-se/sugere-se que x seja/tenha/faça y; o que se deveria recomendar/sugerir é que x; uma sugestão é que x (faça y).
- validar: como prova/evidência/exemplo (para isso) (pode-se citar/enumerar); de acordo com; conforme x argumenta; x produz evidências para y.
- classificar: x pode/talvez possa/poderá ser dividido/classificado em y (e z); x e y são categorias/divisões de z; há x categorias em y.
- demonstrar: x demonstra/mostra que y; x ilustra y.
- generalizar: em termos gerais; na maioria dos casos; pode-se generalizar x; em geral; na maior parte.

Outras opções comumente usadas nessa seção são:

Função	Verbos
Apresentar resultados de modo mais objetivo (Thomas, Hawes, 1994, p.134)	Obter, encontrar, descobrir, identificar, observar, notar
Discutir resultados de modo mais avaliativo (Thomas, Hawes, 1994, p.135)	Revelar, mostrar, ilustrar, indicar, provar, comprovar, apontar, denotar, demonstrar, sugerir

SUGESTÃO DE ATIVIDADES

1. Leia o exemplo 7.6, fornecido a seguir, ou selecione um artigo relevante para sua pesquisa no *site* do *Scielo - Scientific Electronic Library Online* **<www.scielo.br>** ou dos Periódicos da Capes **<http://www.periodicos.capes.gov.br>**. Depois responda às seguintes perguntas:
   - A discussão dos resultados feita pelo autor responde aos objetivos propostos por ele? Como e onde?
   - Qual é a estratégia retórica adotada pelo autor para a discussão dos resultados?

- Em que pontos relativos ao tópico o autor se apoia?
- Que marcadores linguísticos são utilizados pelo autor na discussão dos resultados?

Exemplo 7.6

SP#1

EVOLUÇÃO TEMPORAL DO TABAGISMO EM ESTUDANTES DE MEDICINA, 1986, 1991, 1996

Ana Menezes, Eduardo Palma, Ricardo Holthausen, Ricardo Oliveira, Pablo S. Oliveira, Eduardo Devens, Luciane Steinhaus, Bernardo Horta e Cesar G. Victora (*Departamento de Clínica Médica de Universidade Federal de Pelotas. Pelotas, RS, Brasil*)

INTRODUÇÃO

Os malefícios causados à saúde pelo vício de fumar são amplamente conhecidos. Apesar disso, esse vício persiste entre estudantes de medicina, ainda que com uma prevalência menor do que a observada na população em geral[3].

Dados de um estudo multicêntrico[1,9] sobre tabagismo em nove mil estudantes de medicina de 51 escolas, oriundos de 42 países (The Tobacco Prevention Section of the International Union Against Tuberculosis and Lung Disease), mostram que as prevalências variam segundo diferentes países, atingindo desde 35% entre os estudantes de sexo masculino no Japão até zero nos EUA. Na América do Sul, dados do Chile revelam um percentual de tabagismo de 9% nos estudantes homens e de 15% nas mulheres. A pesquisa também identificou que, apesar de a maioria dos estudantes reconhecerem, de um modo geral, que o fumo é extremamente prejudicial à saúde, existe grande desconhecimento sobre as consequências do fumo em determinadas áreas. São preocupantes os achados de que apenas 29% dos estudantes do último ano de medicina na Europa, 32% nos EUA e 43% na Austrália sabem que o fumo é a principal causa de doenças cardiovasculares. Outro aspecto apontado pela pesquisa é o de que, na maioria dos países estudados, apenas 30% a 49% dos estudantes disseram que aconselhariam o paciente a abandonar o fumo, sendo que, no Japão, esse percentual foi de apenas 5%. Os percentuais encontrados foram sempre menores quando os estudantes eram fumantes.

Estudos no Brasil mostram que as prevalências de tabagismo entre estudantes de medicina têm apresentado redução; por exemplo, a prevalência de tabagismo nos estudantes de medicina de Sorocaba diminuiu de 37,8%, em 1969, para 17,1%, em 1989[10].

Na cidade de Pelotas, no Sul do Brasil, a prevalência de tabagismo entre os estudantes de medicina da Universidade Federal vem sendo estudada desde 1986, por estudos transversais realizados em 1986 e 1991[5,7]. Dando sequência a esses estudos, o presente trabalho tem por objetivo avaliar a tendência temporal do tabagismo entre os alunos de medicina, nos últimos dez anos.

MÉTODOS

Realizou-se um estudo transversal com alunos do primeiro ao quinto ano da Faculdade de Medicina Federal de Pelotas, em 1996, similar aos conduzidos em 1986 e 1991[5,7]. Assim como em 1991, um questionário autoaplicável foi distribuído nas salas de aula, sendo que os alunos ausentes foram posteriormente contatados pela equipe da pesquisa. Além das perguntas comuns aos questionários anteriores, tais como variáveis biológicas, demográficas, semestre cursado, tabagismo nos pais e nos estudantes e presença de sintomas como tosse e expectoração sem gripe ocorrendo nos últimos seis meses, outras perguntas foram acrescentadas sobre a nova lei governamental antitabagista, sobre o fumo dos professores em sala de aula, sobre atitude frente ao paciente quanto ao tabagismo e sobre o ensino do tabagismo no currículo da faculdade. Os entrevistadores eram estudantes da própria Faculdade de Medicina e foram instruídos a permanecer nas salas de aula durante o preenchimento do questionário, a fim de esclarecer eventuais dúvidas.

Os entrevistados que fumavam um ou mais cigarros por dia, há pelo menos um mês, foram considerados fumantes; ex-fumantes foram aqueles que, no período da entrevista, não eram fumantes regulares, mas o haviam sido no passado; não fumantes foram aqueles que nunca haviam fumado. Definição similar foi adotada em 1991, enquanto que em 1986 fumante era aquele que fumava, pelo menos, quatro cigarros por semana.

O teste do qui quadrado foi utilizado na comparação entre proporções, e o teste de qui quadrado para tendência linear foi usado na análise das diferenças da prevalência de tabagismo entre os três estudos[6].

RESULTADOS

Foram entrevistados 449 (99,3%) estudantes, sendo que nas pesquisas anteriores foram estudados 470 em 1991 e 426 em 1986, com uma proporção superior a 96% de entrevistados nos anos anteriores[5,7].

As características da amostra estudada estão descritas na tabela 1.

Tabela 1 - Características quanto ao sexo, idade e ano do curso na amostra de estudantes de Medicina (N=449) Pelotas, 1996

Variáveis	N	(%)
Sexo	189	(42,1)
Masculino	260	(57,9)
Idade		
<=20 anos	118	(26,3)
21-25 anos	281	(62,6)
26-29 anos	30	(6,7)
>= 30 anos	20	(4,5)
Ano do curso		
Primeiro	98	(21,8)
Segundo	90	(20,0)
Terceiro	99	(22,0)
Quarto	79	(17,6)
Quinto	83	(18,5)

A prevalência de tabagismo entre os estudantes foi de 11,6%. A figura 1 mostra que a prevalência de tabagismo vem diminuindo nos três anos estudados e o teste para tendência linear confirmou essa tendência (p<0,001). Por outro lado, a queda percentual entre 1996 e 1991 foi menor do que aquela observada entre 1991 e 1986 e não atingiu a significância estatística.

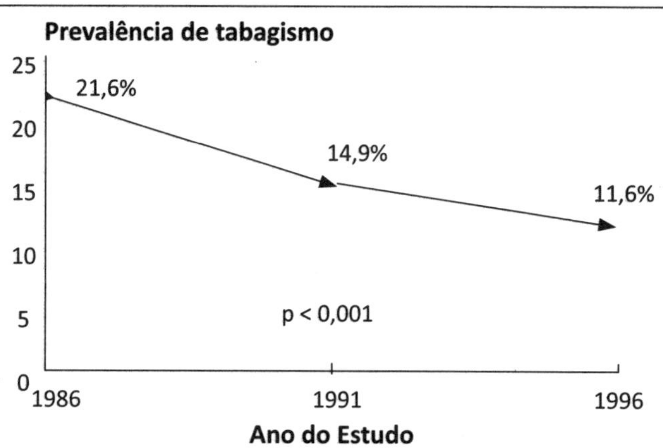

Figura 1 - Prevalência de tabagismo entre estudantes de medicina, Pelotas, 1986 (Horta et al[5]): 1991 (Menezes et al[7]); 1995

A tabela 2 mostra que a redução na prevalência de tabagismo ocorreu igualmente entre o sexo masculino e feminino. Em nenhum dos três estudos observou-se diferença na prevalência de tabagismo de acordo com o gênero (p>0,05).

Tabela 2 - Prevalência do tabagismo em estudantes de medicina conforme sexo nos anos de 1986, 1991 e 1996. Pelotas.

	Ano do estudo					
	1986*		1991*		1996	
	N	(%)	N	(%)	N	(%)
Sexo masculino						
Nunca fumou	184	(68,1)	228	(76,0)	207	(79,6)
Fumante	59	(21,9)	45	(15,0)	29	(11,2)
Ex-Fumante	27	(10,0)	28	(9,0)	24	(9,2)
Sexo feminino						
Nunca fumou	119	(76,2)	120	(71,2)	147	(77,8)
Fumante	33	(21,2)	25	(14,7)	23	(12,2)
Ex-fumante	4	(2,6)	24	(14,1)	19	(10,0)
Total	426	(100%)	470	(100%)	449	(100%)

★ Horta et al[5] (1988)

★★ Menezes et al[7] (1994)

A figura 2 mostra que em 1996 e 1991 houve um aumento na prevalência do tabagismo de acordo com o ano cursado, ao contrário do que foi observado em 1986, quando, no último ano, houve uma diminuição na prevalência do tabagismo.

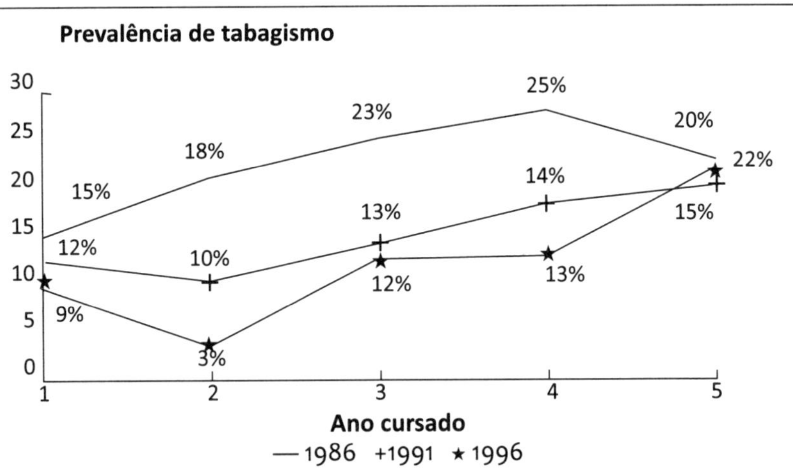

Figura 2 - Prevalência do tabagismo entre estudantes de medicina, conforme o ano cursado. Pelotas.

As características do tabagismo entre os estudantes podem ser observadas na tabela 3. Apesar de a média de idade ser de 22,4 anos (desvio padrão 3,4), cerca de 50% dos estudantes fumavam dez ou mais cigarros por dia.

Quanto à idade de início do fumo, a grande maioria dos entrevistados iniciou o vício do fumo dos 15 aos 19 anos (média de 17,7 anos e desvio padrão de 2,8), sendo que cerca de 10% dos mesmos iniciaram a fumar entre 10 e 14 anos. A idade média de abandono do fumo foi de 20,7 anos, com desvio padrão de 3,4.

Tabela 3 - Características do fumo em estudantes de medicina quanto ao número de cigarros, idade de início do fumo e idade de término. Pelotas, 1996

Fumo	N	(%)
Número de cigarros por dia		
Não fumantes	354	(79,1)
1-9 cigarros	49	(10,9)
10-19 cigarros	28	(6,0)
20-39 cigarros	17	(3,8)
>= 40 cigarros	1	(0,2)
Idade de início (anos)★		
Não fumantes	354	(79,0)
10-14 anos	9	(2,0)
15-19 anos	59	(13,1)
>= 20anos	24	(5,3)
Idade de abandono do fumo★ ★		
Não fumantes	354	(79,0)
Fumantes atuais	52	(11,6)
Abandono <= 20 anos	22	(4,9)
Abandono 21-30 anos	20	(4,5)

★ 3 valores ignorados ★ ★ 1 valor ignorado

Outra característica observada foi a alta prevalência de sintomas respiratórios, assim como ocorreu no estudo de 1991. Os fumantes relataram 22,7% de tosse seca, 16,3% de tosse produtiva e 13,6% de chiado no peito, sintomatologia essa sem a presença de resfriado e ocorrida nos últimos seis meses. O teste de associação entre tabagismo e presença desses sintomas mostrou-se significativo ($p<0,01$), assim como nos estudos anteriores.

Tanto em 1991 como no presente estudo (1996), não foi encontrada associação estatisticamente significativa entre tabagismo dos pais e dos filhos ($p>0,05$).

No que diz respeito às questões de opinião sobre proibição do fumo, cerca de metade dos alunos mostrou-se favorável à proibição total do tabagismo tanto no hospital escola quanto na faculdade de medicina, sendo que apenas 1,8% dos estudantes foram contra qualquer forma de restrição ao tabagismo.

Aproximadamente dois terços dos alunos afirmaram que o tabagismo como tema de ensino era pouco ou nada valorizado dentro do curso de medicina; e 44% dos alunos responderam que o fumo entre os professores estimulava o vício de fumar nos estudantes.

Quanto à opinião sobre a lei que restringe o uso do tabaco em locais públicos e fechados, cerca de metade dos estudantes opinou que a lei não influenciava o tabagismo (47,2%).

Dois terços dos estudantes que nunca fumaram ou eram ex-fumantes responderam que, se outra pessoa começasse a fumar em local fechado na sua presença, eles pediam para a pessoa parar de fumar ou afastavam-se. Por outro lado, 23,3% dos estudantes importavam-se, mas não tomavam nenhuma atitude.

A opinião dos estudantes quanto à lei antitabagista, à influência do tabagismo dos professores nos alunos e à restrição do tabagismo no hospital escola e na faculdade de medicina não teve influência do sexo, idade e ano cursado. A atitude frente ao tabagismo de outra pessoa também foi independente do sexo, idade e ano de faculdade cursado.

DISCUSSÃO

Primeiramente, deve ser salientado que a alta proporção da população entrevistada nos três acompanhamentos reduz a chance da ocorrência do viés de seleção, o que garante a representatividade do estudo no que diz respeito à população estudada.

Apesar da tendência decrescente das prevalências de tabagismo de 1986 para 1996, ressalta-se que de 1991 para 1996 a redução da prevalência não foi significativa como havia sido de 1986 para 1991. Comparando essas prevalências com as da população adulta de Pelotas, observa-se que ela é bem menor entre os estudantes de medicina (21% em 1986, 14% em 1991 e 11% em 1996) do que na população em geral de Pelotas (35% em 1990 e 35,4% em 1992)[4,8]. Achados similares também têm sido descritos na literatura[3]. Ao contrário, entretanto, da população em geral, não se encontraram diferenças entre os estudantes de prevalência de tabagismo quanto ao sexo, da mesma forma que nas séries de 1986 e 1991. Esse resultado está de acordo com o fato de que atualmente as mulheres estão fumando mais do que anteriormente[10].

Verificou-se maior prevalência de tabagismo conforme o ano cursado, o que parece revelar a pouca influência da faculdade no comportamento dos alunos quanto ao vício de fumar. De fato, a faculdade não está atuando como deveria no seu papel de educadora*. A literatura tem mostrado que há diversas maneiras de combater a abstinência à nicotina, desde o simples aconselhamento até a reposição com nicotina e o uso de novas drogas como antidepressivos, o que deve ser abordado nas aulas[9]. Quanto ao exemplo dos professores fumantes, a posição dos alunos é clara ao acharem que isso pode ser um estímulo para os estudantes também fumarem. Isso pode reforçar a ideia de que os profissionais da saúde são vistos como exemplos, tanto pelos estudantes como pelos pacientes e que, portanto, têm o dever de portar-se como tal.

Restrições ao fumo nos domicílios, nas escolas e em lugares públicos vêm sendo apontadas pela literatura como uma das medidas eficazes na sua redução. Estudo transversal nos EUA[2], em 17.287 estudantes de 200 escolas de segundo grau, revelou um efeito protetor de 26% no grupo em que houve intensa proibição do fumo, contra apenas 9% de redução no grupo sem restrição ao fumo.

Pelo menos 1/3 da população adulta mundial ou 1,1 bilhão de pessoas com mais de 15 anos eram fumantes no início da década de 1990. Essa epidemia causada pelo próprio homem será responsável pela morte de cerca de 500 milhões de pessoas. A redução do fumo em nível individual e populacional poderia salvar a vida de dois milhões de pessoas a cada ano mundialmente[11].

A dependência à nicotina é hoje reconhecida como uma doença, da mesma forma que a dependência a outras drogas, como a cocaína. Apesar da vontade de muitos fumantes abandonarem o vício, nem sempre isso é tarefa fácil, já que o organismo reage à diminuição do nível da nicotina com sintomas que variam desde irritabilidade até insônia, entre outras manifestações mais severas. Para que se obtenha maior êxito nessa luta, é adequado, além do aconselhamento, utilizar outras medidas, como a substituição com nicotina ou o bupropion.

O alcance da cessação do fumo e de sua total erradicação não é uma tarefa individual: deve estar inserido em um contexto no qual cada um participe dentro dos seus limites, como, por exemplo, proibindo o fumo dos jovens nos domicílios, ensinando nas escolas os malefícios do mesmo, abolindo totalmente o fumo entre os profissionais da saúde e estudantes de medicina, impedindo a propaganda do fumo nos meios de comunicação e divulgando com maior ênfase os malefícios causados pelo fumo.

É urgente a necessidade de reduzir a prevalência de fumo e os profissionais da saúde não podem esquivar-se de tal ação. A soma de esforços pode resultar na erradicação de uma das principais epidemias deste século.

REFERÊNCIAS

1. Allen, M. B. Medical Student's Knowledge of Smoking. *Thorax,* 1999, 54:2.

2. Bolliger, C. T., Zellweger, J. P, Danielsson, T., Biljon, X. van, Robidou, A., Westin, A. *et alii,* Smoking Reduction With Oral Nicotine Inhalers: Double Blind, Randomised Clinical Trial of Efficacy and Safety. *BMJ,* 2000, 321:333-337.

3. Britton, J., Tobacco: The Epidemic We Could Avoid. *Thorax,* 1997, 52:1021-1022.

4. Costa, J.D., Facchini, L., Utilização de serviços ambulatoriais em Pelotas: onde a população consulta e com que frequência. *Ver. Saúde Pública,* 1997, 31:360-369.

5. Horta, B.L., Ramos, E. O., Victora, C. G., O vício de fumar entre estudantes de Medicina da UFPEL: prevalência, sintomatologia respiratória e relação com o tabagismo dos pais, 1988. *Rev AMRIGS,* 1988, 32:15-17.

6. Kirkwoold, B. R., apud *Essentials of Medical Statistics.* London: Blackwell Scientific Publications, 1988, Cap. 13, p. 87-93.

7. Menezes, A. M. B., Horta, B. L., Rosa, S., Oliveira, F. K., Bonnann, M., Vício de fumar entre estudantes de medicina da UFPEL, Brasil: comparação entre as prevalências de 1986 e 1991. *Cad. Saúde Pública,* 1994, 10:164-170.

8. Menezes, A. M. B., Victora, C. G., Rigatto, M., Chronic Bronchitis and the Type of Cigarette Smoked. *Int. J. Epidemiol* 1995, 24:95-99.

9. Richmond, R., Teaching Medical Students about Tobacco. *Thorax,* 1999, 54:70-8.

10. Rosemberg, J., Perin, S., Tabagismo entre estudantes da Faculdade de Ciências Médicas de Sorocaba. Tabagismo nos acadêmicos de medicina e nos médicos. *J. Pneumol.* 1990, 16:13-22.

11. U.S. DEPARTMENT OF. HEALTH AND HUMAN SERVICES. *Reducing Tobacco Use: A Report of the Surgeon General.* Atlanta: U.S. Department of Health and Human Services, Center for Disease Control and Prevention, National Center for Chronic Disease Prevention and Health Promotion, Office on Smoking and Health; 2000, cap. 2, p. 36-7.

*A partir do segundo semestre de 1999 foram incluídas no currículo do curso de medicina de Pelotas aulas sobre tabagismo.

CAPÍTULO

8 ABSTRACT/RESUMO ACADÊMICO

Piet Mondrian: "Composition nº 10" (1939-42)

8.1 O que é o *abstract*?

Você já ouviu falar em *abstract* ou resumo acadêmico? Provavelmente sim. Toda vez que você deseja apresentar seu trabalho em algum congresso, seminário ou conferência, precisa enviar o seu. Em geral, a aceitação do seu trabalho no evento dependerá desse *abstract*, por isso é fundamental que ele esteja claro e que realmente contenha as informações que você considera relevantes para convencer o leitor (em um primeiro momento, a comissão avaliadora do evento) a aceitar seu trabalho e (em seguida, os outros participantes do congresso) a assistir sua apresentação no dia do evento. Além disso, é necessário que você obedeça às normas de formatação estabelecidas pelos organizadores (fonte, tamanho da letra e principalmente o número máximo de palavras permitido).

Se o seu trabalho for aceito, esse *abstract* aparecerá nos anais ou caderno de resumos do evento, junto com os *abstracts* de todos os demais trabalhos selecionados. Nesse caso, o *abstract* antecipará o conteúdo da pesquisa a ser apresentada no evento, bem como orientará os participantes do evento, que se guiarão pelos anais para assistir aos trabalhos de seu interesse.

No entanto, há outra forma de publicação desse gênero: aquela em que o *abstract* acompanha textos acadêmicos mais longos, por exemplo, artigos, dissertações, teses, com padrões específicos de organização retórica.

Nesse caso, o *abstract* resume as informações do texto mais longo, permitindo que os leitores tenham acesso mais rápido ao conteúdo desse texto. Em outras palavras, o *abstract* é um texto breve que encapsula a **essência** do artigo que se seguirá. Essa função é de extrema importância, já que, cada vez mais, o volume de textos dos quais temos que dar conta para estar "em dia" com as investigações na nossa área é muito grande (Hartley, Sydes, 1997, p. 124). Neste capítulo, enfocamos o *abstract* que precede o artigo acadêmico. Para ler mais sobre o gênero, veja também os trabalhos de Araújo (1999) e Rodrigues (1999).

8.2 Para que escrever um *abstract*?

Especificamente no caso do artigo acadêmico, o *abstract* tem o objetivo de sumarizar, indicar e predizer, em um parágrafo curto, o conteúdo e a estrutura do texto integral que segue. Funcionando como uma fonte de informação precisa e completa, *abstracts* ajudam os pesquisadores a ter acesso rápido e eficiente ao crescente volume de publicações científicas (Graetz, 1985, p. 123; Salager-Meyer, 1990, p. 366).

Outra função do *abstract* é persuadir o leitor a continuar a ler o texto integral, para convencê-lo de que o artigo que segue é interessante e que os resultados são relevantes.

8.3 Qual é a organização retórica do *abstract*?

A organização retórica do *abstract* é semelhante à do artigo acadêmico. Conforme dito acima, o *abstract* reflete o conteúdo e a estrutura do trabalho que resume. Assim, considerando que o artigo acadêmico pode ser de pelo menos dois tipos, de revisão da literatura ou empírico/experimental, o *abstract* que o precede também poderá apresentar essas duas formas de organização retórica da informação.

No artigo de revisão da literatura, o *abstract* apresentará um caráter teórico, trazendo os elementos centrais da discussão feita no texto integral do artigo, conforme o exemplo 8.1

Exemplo 8.1

> L#4
>
> Este artigo busca situar o panorama atual das reflexões críticas sobre os estudos teóricos e aplicados de terminologia. Caracteriza-se a passagem do paradigma normativo, fundador da teoria clássica da terminologia, para o enfoque pragmático-comunicacional das linguagens especializadas, identificando-se os principais pontos discutidos pelo percurso revisionista. Destacam-se ainda os fundamentos e as proposições para o estabelecimento de uma nova teoria da terminologia articulada à luz do funcionamento da linguagem. Com isso, abre-se a perspectiva para o tratamento textual e discursivo dos termos técnico-científicos, com importantes implicações para a produção de obras de referência temáticas.

Objetivo

Elementos centrais do artigo

Nesse *abstract*, o objetivo de "situar o panorama atual das reflexões críticas sobre os estudos teóricos e aplicados de terminologia", indica que o trabalho provavelmente consiste em um levantamento teórico-bibliográfico de estudos que fazem essas reflexões críticas e uma discussão. Isso indica que será realizado em um plano teórico e não prático, o que o caracteriza como de revisão da literatura.

Uma vez apresentado o objetivo do trabalho, o *abstract* indica as principais questões teóricas que serão abordadas no artigo: "A passagem do paradigma normativo (...), para o enfoque pragmático-comunicacional das linguagens especializadas"; "os fundamentos e as proposições para o estabelecimento de uma nova teoria da terminologia" e "a perspectiva para o tratamento textual e discursivo dos termos técnico-científicos". É interessante destacar que a ordem em que essas questões são apresentadas no *abstract*, em geral, será a ordem em que aparecerão dentro do artigo.

1. No caso do *abstract* empírico ou experimental, a ordem das informações é dada pelos diferentes momentos que uma pesquisa de caráter prático compreende:

a) Definição do **PROBLEMA** - Inclui a intenção do autor, a tese, alguma alusão ao título.	Estudos vêm sendo realizados com o objetivo de se estabelecer maior economia de água no manejo da irrigação sem, no entanto, prejudicar o rendimento das culturas, o que serviu de base para a realização do presente trabalho,...
b) Estabelecimento do **OBJETIVO** - Justifica e apresenta o objetivo da pesquisa, estabelecendo como o trabalho difere da pesquisa prévia.	...visando-se avaliar o rendimento do algodoeiro (*Gossypium hirsutum L. r. latifolium Hutch*) e a eficiência no uso da água pela cultura, sob diferentes estratégias de irrigação.
c) Descrição do **MÉTODO** - Define a abrangência, o tratamento, os dados, a metodologia adotada e as restrições envolvidas. Deve ser breve e apresentar os procedimentos envolvidos/usados no trabalho.	O experimento foi conduzido em casa de vegetação, utilizando-se da cultivar CNPA-7H Precoce, cultivada em vaso plástico, contendo 20 kg de solo seco ao ar. As estratégias de irrigação foram estabelecidas levando-se em consideração a água disponível no solo, a frequência de irrigação e a supressão da irrigação na floração e no desenvolvimento das maçãs. Avaliaram-se: consumo de água, peso de capulho, rendimento, índice de colheita e eficiência no uso da água e, ...
d) Apresentação dos **RESULTADOS** - Sumariza os resultados e engloba a maior porção do *abstract*. Uma vez que esse é o trecho de maior importância, já que veicula as inovações para a área, deveria também ser a porção mais detalhada do *abstract*.	... segundo os resultados obtidos, o consumo hídrico, influenciado pelas estratégias de irrigação, proporcionou variações expressivas em todos os parâmetros estudados, ...
e) Indicação da **CONCLUSÃO** - Implicações, inferências, importância e interpretação dos resultados; conclusões.	...sendo a época da supressão da irrigação o fator determinante sobre a eficiência de uso da água.

Mais detalhadamente, Motta-Roth e Hendges (1996), baseadas em uma análise de 60 *abstracts*, reelaboraram a descrição esquemática proposta por Bittencourt (1995, p. 485):

MOVIMENTO 1 - SITUAR A PESQUISA

Subfunção 1A - Estabelecer interesse profissional no tópico **ou**

Subfunção 1B - Fazer generalizações do tópico **e/ou**

Subfunção 2A - Citar pesquisas prévias **ou**

Subfunção 2B - Estender pesquisas prévias **ou**

Subfunção 2C - Contra-argumentar pesquisas prévias **ou**

Subfunção 2D - Indicar lacunas em pesquisas prévias

MOVIMENTO - 2 APRESENTAR A PESQUISA

Subfunção 1A - Indicar as principais características **ou**

Subfunção 1B - Apresentar os principais objetivos **e/ou**

Subfunção 2 - Levantar hipóteses

MOVIMENTO 3 - DESCREVER A METODOLOGIA

MOVIMENTO 4 - SUMARIZAR OS RESULTADOS

MOVIMENTO 5 - DISCUTIR A PESQUISA

Subfunção 1 - Elaborar conclusões **e/ou**

Subfunção 2 - Recomendar futuras aplicações

Figura 8.1: Descrição esquemática de *abstracts* (Motta-Roth, Hendges, 1996, p. 68, com base em Bittencourt, 1995, p. 485)

Segundo Graetz (1985, p. 126), algumas variações possíveis são:

(a) objetivos; 2. importância; 3. método; 4. resultados; 5. conclusão(ões); ou

(b) objetivos; 2. metodologia; 3. resultados; ou ainda

(c) objetivos; 2. metodologia; 3. resultados; 4. validade dos resultados; 5. conclusão/ões; 6. aplicações

Qualquer uma das estruturas acima deve refletir a organização do artigo correspondente. Para ilustrar como esses diferentes tipos de informações – objetivos, metodologia etc. – aparecem no *abstract*, veja a análise do exemplo 8.2:

Exemplo 8.2

B#2

Um levantamento da fauna de mamíferos e aves foi realizado em um fragmento de mata mesófila semidecídua com cerca de 150 ha de área localizado na zona de agricultura intensiva da região de Ribeirão Preto, Estado de São Paulo. O levantamento foi feito por meio de censos em trilhas durante seis dias, totalizando 27,8 km de trilhas e 27,8 horas de observação. Foram confirmadas 20 espécies de mamíferos (exceto quirópteros e pequenos mamíferos), incluindo espécies ameaçadas ou raras na região, como a onça-parda (Puma concolor), o lobo-guará (Chrysocyon brachyurus) e a jaguatirica (Leopardus pardalis). O macaco-prego (Cebus apella) e o sagui-de-tufo-preto (Callithrix penicillata) foram encontrados com muita frequência, indicando altas densidades populacionais desses primatas no fragmento de estudo. Em relação à avifauna, foram registradas 49 espécies, a maioria das quais típicas de áreas abertas ou bordas de mata. Foram confirmadas, no entanto, algumas espécies que estão se tornando raras na região, como o pato-do-mato (Cairina moschata) e o tucanuçu (Ramphastos toco). Os resultados demonstram que fragmentos florestais deste porte representam refúgios de fauna nativa em uma região dominada quase que exclusivamente pela monocultura da cana-de-açúcar. Além dos aspectos faunísticos, a preservação desses fragmentos é de grande importância para a realização de estudos relacionados à preservação de espécies a médio e longo prazos, como projetos de reintrodução, translocação e saúde genética de populações isoladas.

Metodologia

Resultados

Resultados

Discussão

Neste *abstract*, foi possível identificar as seções de metodologia, resultados e discussão, porque os autores deixaram algumas pistas por meio de marcadores metadiscursivos. Por exemplo, as condições metodológicas do levantamento são definidas: "Em um fragmento de mata mesófila semidecídua com cerca de 150 ha de área localizado na zona de agricultura intensiva da região de Ribeirão Preto, Estado de São Paulo, totalizando 27,8 km de trilhas". O procedimento usado, o período em que a coleta do material foi realizada, a extensão geográfica e temporal da observação são identificados: "Levantamento foi feito por meio de censos em trilhas durante seis dias, totalizando 27,8 km de trilhas e 27,8 horas de observação". Essas são informações típicas da Metodologia: como, onde, quando, quem e/ou o que foi feito.

Uma vez que o trabalho se propõe a fazer "um levantamento da fauna de mamíferos e aves", os resultados podem ser identificados por meio dos marcadores "foram confirmadas", "em relação à avifauna, foram registradas 49 espécies", "foram encontrados com muita frequência", "foram confirmadas, no entanto, algumas espécies que estão se tornando raras na região". Nesse caso, o número **20**, relacionado a **mamíferos**, e o número **49**, referente às espécies de **aves**, são os resultados quantificados desse levantamento. Além disso, verbos como **encontrar** e **confirmar** também são típicos da seção de resultados do *abstract* (e, consequentemente, do artigo), especialmente quando aparecem **conjugados no pretérito perfeito**, apontando para uma etapa da pesquisa que já foi concluída.

A discussão pode ser determinada pelas expressões "os resultados demonstram" e "é de grande importância", uma vez que ambas indicam interpretações e conclusões elaboradas a partir dos números obtidos no levantamento dos resultados.

Na redação do *abstract*, é importante deixar essas pistas para o leitor, usando itens lexicais que caracterizam as informações que representam as diferentes seções do artigo. Dessa forma, o *abstract* ficará mais claro, e o leitor poderá encontrar a informação que deseja mais facilmente, guiado pelas marcas que deixamos.

Em áreas como a medicina, frequentemente essas diferentes informações são indicadas por meio de subtítulos, como mostra o exemplo 8.3.

Exemplo 8.3

M#2

OBJETIVOS: o objetivo deste estudo foi identificar variáveis que facilitam o aparecimento de complicação pulmonar pós-operatória (cpp) nos pacientes submetidos às cirurgias eletivas de tórax e abdômen alto.

MÉTODOS: Foram estudados 297 pacientes, avaliados e estratificados em baixo, moderado e alto risco para desenvolvimento de cpp através da escala port, idealizada por Torrington & Henderson (1988). Todos os pacientes foram acompanhados por 72 horas no pós-operatório imediato. Foram consideradas como cpp: atelectasia com repercussão clínica ou radiológica, pneumonia, traqueobronquite, broncoespasmo, entubação e/ou ventilação mecânica prolongada. Através da análise univariada, estudamos as seguintes variáveis independentes: idade, grau nutricional (índice de massa corpórea, imc), sintomas respiratórios, doença respiratória, tabagismo, espirometria e tempo cirúrgico. Posteriormente submetemos tais variáveis à análise de regressão logística multivariada para avaliar a relação entre as variáveis independentes com a dependente e a chance de cpp.

RESULTADOS: A incidência de cpp observada foi de 12,1%. Para análise estatística utilizou-se a análise univariada e posteriormente a regressão logística multivariada. Os resultados informam através da razão de chances (odss ratio-or) a participação das variáveis independentes entre si sobre a dependente (complicou/não complicou) no evento estudado. Em ambos os tipos de cirurgia, as variáveis encontradas foram: tosse com expectoração amarela (or = 3.8); a cirurgia torácica em relação a abdominal (or = 2.9); imc (or = 1.13); tempo de tabagismo (or = 1.03) e tempo cirúrgico (or = 1.007). Na aplicação da análise da regressão logística considerando somente a cirurgia torácica, as variáveis foram: broncoespasmo (or = 6.2); imc (or = 1.15); tempo de tabagismo (or = 1.04) e tempo cirúrgico (or = 1.007).

CONCLUSÃO: As variáveis de risco pré-operatório que aumentaram a chance de cpp nas cirurgias de tórax e abdômen alto foram: tosse com expectoração amarela; cirurgia torácica, imc; tabagismo e tempo cirúrgico. Nas cirurgias de tórax as variáveis encontradas foram: broncoespasmo, imc, tabagismo e tempo cirúrgico.

No entanto, segundo Hartley e Sydes (1997), essa característica nem sempre torna os *abstracts* de medicina mais legíveis que os exemplares de outras áreas, razão pela qual mesmo no contexto médico é importante usar os marcadores metadiscursivos que caracterizam cada tipo de informação no *abstract*.

A seguir, apresentamos alguns desses marcadores característicos no gênero.

8.4 Características linguísticas do *abstract*

Algumas características gerais do *abstract* são:

- Verbos no pretérito composto e presente do indicativo, terceira pessoa do singular, voz passiva;
- Sentenças declarativas, sem abreviações, jargões, símbolos;
- Linguagem econômica com sentenças simples, evitando redundâncias tais como exemplos, superlativos, ilustrações, excesso de detalhes (Graetz, 1985, p. 125).

Para cada informação, há marcadores metadiscursivos específicos, comumente encontrados em *abstracts*:

(a) **definição do problema** - Explorações recentes em x indicam y; Muito/as pesquisador/as acreditam que x; Enquanto professor/instrutor/pesquisador/as de x, devemos saber y, entretanto essa questão é difícil devido a z; Essa última década nos trouxe uma significativa intensificação no estudo de x, entretanto nenhum consenso foi atingido no que concerne a y; Uma premissa básica deste artigo é x e a falha parece estar afeita a y;

(b) **objetivo** - Neste trabalho pretendo/emos/e-se x; Este artigo relata uma pesquisa sobre x; O presente trabalho é uma tentativa de discutir questões sobre x; Este trabalho explora x; Neste trabalho são apresentadas/são descritas x; Este artigo discute x.

(c) **método** - Em primeiro lugar, analisarei/emos/se-á x; Em seguida examinarei/emos/se-á y.

(d) **resultados** - Os resultados da pesquisa incluem indicações de x.

(e) **conclusão** - As conclusões alcançadas referem-se a x; O trabalho argumenta que x.

Outros marcadores metadiscursivos do *abstract* podem ser encontrados nos capítulos anteriores, dedicados a cada uma das seções do artigo acadêmico. Agora, para que você coloque em prática o que vimos no presente capítulo, apresentaremos alguns exercícios sobre o gênero *abstract*.

SUGESTÃO DE ATIVIDADES

1. Compare exemplares de *abstracts*, tentando definir a estrutura do gênero.
2. Identifique os marcadores metadiscursivos em um *abstract*. Tente definir estágios no texto e:
   (a) definir as seções;
   (b) relacionar as seções do artigo às partes do *abstract*;
   (c) usar o *abstract* para elaborar um esquema do artigo; e
   (d) encontrar as partes do *abstract* que podem servir de resposta para as seguintes questões (conforme já descrito no capítulo 1):
      i. Por que o estudo foi realizado?
      ii. Como o estudo foi realizado?
      iii. Quais foram os resultados obtidos?
      iv. Qual é o significado desses resultados para a área?
3. Tente reorganizar o *abstract* no exemplo 8.4 de forma a construir um texto coerente e coeso, com base nas informações que você tem sobre o gênero, sua estrutura, marcadores linguísticos etc.
   (1) Foco do estudo
   (2) Método
   (3) Resultados
   (4) Conclusão

Exemplo 8.4

B#1

Encontramos 10 espécies na restinga de Jurubatiba, com densidade total estimada de 10386 ind.ha-1. Na zona PHR, não ocorreu nenhuma espécie de bromélia. Na FPP, ocorreu a maior biomassa total (7721,2 kg.ha-1), sendo Bromelia antiacantha a mais abundante e com maior biomassa (1366,5 kg.ha-1). Na AAE, ocorreu a maior densidade total (15725 ind.ha-1), diversidade (H' = 2,358), equitabilidade (0,786) e quantidade de água reservada no interior de bromélias (3294,8 L.ha-1). Na MPI, Aechmea bromeliifolia foi a mais abundante, sendo exclusiva desta zona. A maior similaridade ocorreu entre AAC e AAE (88,9%).

Analisamos abundância, densidade, biomassa, riqueza, diversidade, equitabilidade e similaridade de espécies entre as zonas. Estimamos a quantidade de água reservada no interior das bromélias por zona de restinga e por espécie de bromélia. Em 98 parcelas de 100 m2 (10 X 10 m) cada, registramos as espécies de bromélias, a abundância de cada espécie e a zona amostrada. A quantidade de água armazenada e a biomassa das bromélias foram estimadas medindo-se o volume de água reservada no vaso e pesando 10 indivíduos por espécie.

Estudamos as bromeliáceas do Parque Nacional da Restinga de Jurubatiba, Macaé, RJ, nas cinco diferentes zonas de vegetação: psamófila halófila reptante (PHR), fechada pós-praia (FPP), arbustiva aberta de Clusia (AAC), arbustiva aberta de ericácea (AAE) e mata periodicamente inundada (MPI).

Concluímos que a estrutura e a composição de Bromeliaceae da restinga de Jurubatiba variam fortemente entre as zonas estudadas, com cada zona possuindo um conjunto particular de espécies com diferentes distribuições de abundância.

REFERÊNCIAS DOS EXEMPLOS

Abreviaturas

A = Arquitetura
Ad = Administração
Ag = Agronomia
B = Biologia
E= Economia
Ed = Educação
L = Linguística aplicada
M = Medicina
S = Sociologia
SP = Saúde pública
Q = Química
Z = Zootecnia

A#1 FREITAS, M. A., A influência italiana na arquitetura de Belo Horizonte. *Cadernos de Arquitetura e Urbanismo*, vol. 14, nº 15, p. 137-163, 2007.

Ad#1 FALK, M. L. R., A competência gerencial nos conflitos interpessoais. *Revista Eletrônica de Administração,* vol. 22, nº 4, 2001. Disponível em: http://read.adm.ufrgs.br/edicoes/anteriores.php. Acesso em: 1º de agosto de 2008.

Ag#1 LIMA, M. de *et alii*, Anticorpos neutralizantes contra o vírus da diarreia viral bovina (bvdv): comparação entre um imunógeno experimental atenuado e três vacinas comerciais inativadas. *Ciência Rural,* vol. 35, nº 1, p. 230-234, 2005.

B#1 COGLIATTI-CARVALHO, L. *et alii,* Variação na estrutura e na composição de Bromeliaceae em cinco zonas de restinga no Parque Nacional da Restinga de Jurubatiba, Macaé, RJ. *Revista Brasileira de Botânica*, vol. 24, nº1, p.1-9, 2001. Disponível em http://www.scielo.br/pdf/rbb/v24n1/a01v24n1.pdf. Acesso em: 10/05/2010.

B#2 CHIARELLO, A. G., Valor conservacionista de um fragmento de mata nativa em região de agricultura intensiva. *Revista Brasileira de Biologia*, vol. 60, nº 2, p. 237-247, 2000.

E#1 LEAL, R. P.; BOCATER, P. F., Causalidade nos mercados de ações latino-americanos. *Revista Eletrônica de Administração*, vol. 1, nº 1, 1995. Disponível em: http://read.adm.ufrgs.br/ edicoes/anteriores.php. Acesso em 1º de agosto de 2008.

Ed#2 PEZZI, S.; STEIL, A. V., Análise do processo de exame de grau na pós-graduação stricto *sensu*. *Educação e Pesquisa*, vol. 35, nº 1, p. 33-50, jan./abr 2009.

L#1 SANTOS, R. L. dos, Resenha de Araújo Júlio César (org.). *Internet & ensino: novos gêneros, outros desafios*. Rio de Janeiro: Lucerna, 2007. *Linguagem & Ensino*, vol. 11, nº 1, p. 237-261, jan./jun 2008. Disponível em http://rle.ucpel.tche.br/php/edicoes/v11n1/RESENHAS1.pdf. Acesso em 10 de maio de 2010.

L#2 MOTTA-ROTH, D. *et alii*, *Rompendo com a verticalidade: autonomia e motivação na aula de inglês mediada por computador.* Trabalho apresentado no *III Seminário do Projeto Salínguas*, Rio de Janeiro: UFRJ, 1999.

L#3 MOTTA LOPES, L. P. da, Inglês e globalização em uma epistemologia de fronteira: ideologia linguística para tempos híbridos. *D.E.L.T.A.*, vol. 24, nº 2, p. 309-340, 2008.

L#4 KRIEGER, M. da G. Terminologia revisitada. *D.E.L.T.A.*, vol. 16, nº 2, p. 209-228, 2000.

M#1 COSTA, M. da C. N. *et alii*, Mortalidade infantil e condições de vida: a reprodução das desigualdades sociais em saúde na década de 90. *Cadernos de Saúde Pública*, vol. 17, nº 3, p. 555-567, 2001. Disponível em www.scielo.br/pdf/csp/v17n3/4639.pdf. Acesso em 10 de maio de 2010.

M#2 SAAD, I. A. B.; ZAMBOM, L., Variáveis clínicas de risco pré-operatório. *Revista da Associação Médica Brasileira*, vol. 47, nº 2, p. 117-24, 2001.

Q#1 PEREIRA, P. H. F.; SILVA, M. L. C. P. da, Estudo da adsorção de surfactante catiônico na matriz inorgânica fosfato denióbio hidratado. *Química Nova*, vol. 32, nº 1, p.7-11, 2009.

S#1 MARIUZZO, P. Resenha de Johnson, O. S., *Emergência: a dinâmica de rede em formigas, cérebros, cidades e softwares.* Rio de Janeiro: Jorge Zahar Editor, 2003. *Revista Com.ciência.* Disponível em http://www.comciencia.br/resenhas/2005/10/resenha1.htm. Acesso em: 10 de janeiro de 2010.

S#2 PENNA Filho, P. Resenha de Saraiva, J. F. S. (org.), *Comunidade dos Países de Língua Portuguesa (CPLP): solidariedade e ação política.* Brasília: Instituto Brasileiro de Relações Internacionais, 2001, *Revista Brasileira de Política Internacional*, vol. 44, nº 1, p. 181-183, jan./jun 2001. Disponível em http://www.scielo.br/scielo.php?script=sci_arttext&pid=S0034-73292001000100017. Acesso em 10 de maio de 2010.

SP#1 MENEZES, A. *et alii*, Evolução temporal do tabagismo em estudantes de medicina, 1986, 1991, 1996. *Revista de Saúde Pública*, vol. 35, nº 2, 2001. Disponível em http://www.scielo.br/scielo.php?pid=S0034-89102001000200010&script=sci_abstract&tlng=e. Acesso em 10 de maio de 2010.

Z#1 MAZZANTI, A. *et alii*, Reparação do diafragma de cães com segmento muscular homólogo ortotópico conservado em solução supersaturada de açúcar. *Arquivo Brasileiro de Medicina Veterinária e Zootecnia*, vol. 53, nº 1, p. 21-26, 2001. Disponível em: http://www.scielo.br/scielo.php?script=sci_arttext&pid=S0102-09352001000100004&lng=in&nrm=iso&tlng=in. Acesso em 1º de agosto de 2008.

BIBLIOGRAFIA

Alves-Mazzotti, A. J.; Gewandsznajder, F., *O método nas ciências naturais e sociais*. São Paulo: Pioneira, 1998.

Araújo, A. D. de, Uma análise da organização discursiva de resumos na área de Educação. *Revista do GELNE - Grupo de Estudos Linguísticos do Nordeste*, vol. 1, (1999), p. 26-30.

Ayers, G., The Evolutionary Nature of Genre: An Investigation of the Short Texts Accompanying Research Articles in the Scientific Journal Nature. *English for Specific Purposes*, vol. 27, nº 1, p. 22-41, 2008.

Barks, D., *Course on Academic Writing II*. Ann Arbor: English Language Institute, University of Michigan, 1993.

Bittencourt, M., *Academic Abstracts: A Genre Analysis*. Dissertação de Mestrado. Florianópolis: Programa de Pós-Graduação em Inglês/Universidade Federal de Santa Catarina, 1995.

Brett, P., A Genre Analysis of the Results Section of Sociology Articles. *English for Specific Purposes*, vol. 13, nº 1, p. 47-59, 1994.

Contandrioupoulos, A. P.; Champagne, F.; Potvin, L. *et alii*. *Saber preparar uma pesquisa: definição, estrutura, financiamento*. São Paulo: Hucitec, 1999.

Cordeiro, D., *Ciência, pesquisa e trabalho científico: uma abordagem metodológica. Cadernos Didáticos,* nº *7*. Goiânia: Ed. da UCG, 1999.

Chen, C-C., *Biomedical, Scientific & Technical Book Reviewing*. Metuchen: Scarecrow, 1976.

Day, R. A., *How to Write and Publish a Scientific Paper*. Phoenix: Orynx Press, 1988.

Feak, C. B.; Swales, J. M., *Telling a Research Story: Writing the Literature Review*. Michigan: The University of Michigan Press, 2009.

Figueiroa, A., *Cinema novo: a onda do jovem cinema e a sua recepção na França*. Campinas: Papirus, 2004.

Flowerdew, L., Using a Genre-Based Framework to Teach Organizational Structure in Academic Writing. *ELT Journal*, vol. 54, nº 4, p. 369-378, 2000.

Garfield, E., *SSCI Journal Citation Reports: A Bibliometric Analysis of Social Science Journals in the ISI® Data Base. Social Sciences Citation Index 1988 Annual. vol. 6*. Philadelphia: Institute for Scientific Information, 1989a.

____. *SCI Journal Citation Reports: A Bibliometric Analysis of Science Journals in the ISI® Data Base. Science Citation Index 1988 Annual. vol. 19*. Philadelphia: Institute for Scientific Information, 1989b.

____. *Social Sciences Citation Index 1986. An International Multidisciplinary Index to the Literature of the Social, Behavioral, and Related Sciences. Part 7*. Philadelphia: Institute for Scientific Information, 1986.

Graetz, N., Teaching EFL Students to Extract Structural Information from Abstract, in: Ulijn, J. M., Pugh, A. K. (orgs.), *Reading for Professional Purposes*. Leuven: ACCO, 1985, p. 123-35.

Hartley, J.; Sydes, M., Are Structured Abstracts Easier to Read than Traditional Ones? *Journal of Research in Reading*, vol. 20, p. 2, p. 122-136, 1997.

Hendges, G. R., *Novos contextos, novos gêneros: a seção de revisão da literatura em artigos acadêmicos eletrônicos*. Dissertação de Mestrado. Santa Maria: Mestrado em Letras/Universidade Federal de Santa Maria, 2001.

____ Motta-Roth, D., Padrões de citação em artigos eletrônicos: 'When less means more.' *Expressão - Revista do Centro de Artes e Letras*, vol. 3, nº 2, p. 76-83, 2000.

Hill, S. S., Soppelsa, B. F.; West, G. K., Teaching ESL Students to Read and Write Experimental-Research Papers. *TESOL Quarterly*, vol. 16, nº 3, p. 333-347, 1982.

Holmes, R., Genre Analysis, and the Social Sciences: An Investigation of the Structure of Research Article Discussion Sections in Three Disciplines. *English for Specific Purposes*, vol. 16, nº 4, p. 321-337, 1997.

Hopkins, A., Dudley-Evans, T., A Genre-Based Investigation of the Discussion Sections in Articles and Dissertations. *English for Specific Purposes*, vol. 7, nº 2, p. 113-121, 1988.

Hunston, S., Evaluation and Organization in a Sample of Written Academic Discourse, in Coulthard, M. (org.), *Advances in Written Text Analysis*. London: Routledge, 1994, p. 191-218.

Hyland, K., Academic Attribution: Citation and the Construction of Disciplinary Knowledge. *Applied Linguistics*, vol. 20, p. 341-367, 1999.

KANOKSILAPATHAM, B., Rhetorical Structure of Biochemistry Research Articles. *English for Specific Purposes*, vol. 24, nº 3, p. 269-292, 2005.

KLAMER, A., As if Economists and their Subject Were Rational, in NELSON, J. S.; MEGILL, A.; MCCLOSKEY, D. N. (orgs.) *The Rhetoric of the Human Sciences.* Madison: The University of Wisconsin Press, 1987.

KUHN, T. S., *The Structure of Scientific Revolutions.* Chicago: The University of Chicago Press, [1962] 1970.

LIM, J. M. H., Method Sections of Management Research Articles: A Pedagogically Motivated Qualitative Study. *English for Specific Purposes*, vol. 25, nº 3, p. 282-309, 2006.

LUNA, S. V., *Planejamento de pesquisa: uma introdução.* São Paulo: Educ, 1998.

MACHADO, A. R.; LOUSADA, E.; ABREU-TARDELLI, L., *Resenha.* São Paulo: Parábola Editorial, 2004.

____. *Resumo.* São Paulo: Parábola Editorial, 2004.

____. *Planejar gêneros acadêmicos.* São Paulo: Parábola Editorial, 2005.

MEURER, J. L.; MOTTA-ROTH, D. (orgs.), *Parâmetros de textualização.* Santa Maria: Editora da UFSM, 1997.

MOTTA-ROTH, D., *Rhetorical Features and Disciplinary Cultures: A Genre-Based Study of Academic Book Reviews in Linguistics, Chemistry, and Economics.* Tese de Doutorado. Florianópolis: Programa de Pós-graduação em Inglês/Universidade Federal de Santa Catarina, 1995.

____. Same Genre, Different Discipline: A Genre-Based Study of Book Reviews in Academia. *The ESPecialist*, vol. 17, nº 2, p. 99-131, 1996.

____. Termos de elogio e crítica em resenhas acadêmicas em linguística, química e economia. *Intercâmbio*, vol. 6, nº 2, p. 793-813. 1997.

MOTTA-ROTH, D., A visão de editores sobre o gênero resenha acadêmica. *Intercâmbio*, vol. 7, p. 127-35, 1998.

____. HENDGES, G. R., Uma análise de gênero de resumos acadêmicos (*abstracts*) em economia, linguística e química. *Revista do Centro de Artes e Letras*, vol. 18, nº 1-2, p. 53-90, 1996.

NATTINGER, J. R.; DE CARRICO, J. S., *Lexical Phrases and Language Teaching.* Oxford: Oxford University Press, 1992.

NUNAN, D., *Research Methods in Language Learning.* Cambridge: Cambridge University Press, 1992.

NWOGU, K. N., The Medical Research Paper: Structure and Functions. *English for Specific Purposes*, vol. 16, nº 2, p. 119-138, 1997.

POPPER, K. R., *The Logic of Scientific Discovery.* London, New York: Routledge, 1959.

RODRIGUES, B. B., Organização retórica de resumos de dissertações. *Revista do GELNE-Grupo de Estudos Linguísticos do Nordeste*, vol. 1, p. 31-37, 1999.

SALAGER-MEYER, F., Discoursal Flaws in Medical English Abstracts: A Genre Analysis per Research- and Text-Type. *Text*, vol. 10, nº 4, p. 365-84, 1990.

SALOMON, D. V., *Como fazer uma monografia.* São Paulo: Martins, 1997.

SANTOS, A. R., *Metodologia científica: a construção do conhecimento.* Rio de Janeiro: DP & A Editora, 1999.

SILVA, L. da, *Uma análise de gênero da discussão de resultados em artigos científicos.* Dissertação de Mestrado. Santa Maria: Mestrado em Letras/Universidade Federal de Santa Maria, 1999.

SWALES, J. M., *Genre Analysis: English in Academic and Research Settings.* Cambridge: Cambridge University Press, 1990.

____. *Research Genres: Explorations anpd Applications.* Cambridge: Cambridge University Press, 2004.

____. FEAK, C. B., *Academic Writing for Graduate Students.* Ann Arbor: The University of Michigan Press, 1994.

____. FEAK, C. B., Academic Writing for Graduate Students. Ann Arbor, MI: The University of Michigan Press, 2004.

____. FEAK, C. B., *English in Today's Research World.* Ann Arbor: The University of Michigan Press, 2000.

THOMAS, S.; HAWES, T., Reporting Verbs in Medical Journal Articles. *English for Specific Purposes*, vol. 13, nº 1, p. 129-148, 1994.

VANDE KOPPLE, W. J., Some Exploratory Discourse on Metadiscourse. *College Composition and Communication*, vol. 36, nº 1, p. 82-93, 1985.

VASCONCELOS, E. M., *Complexidade e pesquisa interdisciplinar: epistemologia e metodologia operativa.* Petrópolis: Vozes, 2002.

ESTRATÉGIAS de ENSINO

1. *O ensino do espanhol no Brasil*, João Sedycias [org.]
2. *Português no ensino médio e formação do professor*, Clecio Bunzen & Márcia Mendonça [orgs.]
3. *Gêneros catalisadores — letramento e formação do professor*, Inês Signorini [org.]
4. *A formação do professor de português — que língua vamos ensinar?*, Paulo Coimbra Guedes
5. *Muito além da gramática — por um ensino de línguas sem pedras no caminho*, Irandé Antunes
6. *Ensinar o brasileiro — respostas a 50 perguntas de professores de língua materna*, Celso Ferrarezi Jr.
7. *Semântica para a educação básica*, Celso Ferrarezi Jr.
8. *O professor pesquisador — introdução à pesquisa qualitativa*, Stella Maris Bortoni-Ricardo
9. *Letramento em EJA*, Maria Cecilia Mollica & Marisa Leal
10. *Língua, texto e ensino — outra escola possível*, Irandé Antunes
11. *Ensino e aprendizagem de língua inglesa — conversas com especialistas*, Diógenes Cândido de Lima [org.]
12. *Da redação à produção textual — o ensino da escrita*, Paulo Coimbra Guedes
13. *Letramentos múltiplos, escola e inclusão social*, Roxane Rojo
14. *Libras? Que língua é essa?*, Audrei Gesser
15. *Didática de línguas estrangeiras*, Pierre Martinez
16. *A palavra e a sentença — estudo introdutório*, Ronaldo de Oliveira Batista
17. *Coisas que todo professor de português precisa saber*, Luciano Amaral Oliveira
18. *Gêneros textuais & ensino*, Angela Paiva Dionisio, Anna Rachel Machado & Maria Auxiliadora Bezerra [orgs.]
19. *As cadeias do texto — construindo sentidos*, Cláudia Roncarati
20. *Produção textual na universidade*, Désirée Motta-Roth & Graciela Rabuske Hendges
21. *Análise de textos — fundamentos e práticas*, Irandé Antunes
22. *Dicionários escolares — políticas, formas & usos*, Orlene Lúcia de Sabóia Carvalho & Marcos Bagno [orgs.]
23. *Inglês em escolas públicas não funciona? Uma questão, múltiplos olhares*, Diógenes Cândido de Lima [org.]
24. *Dicionários na teoria e na prática — como e para quem são feitos*, Claudia Xatara, Cleci Regina Bevilacqua & Philippe Humblé
25. *Gêneros textuais — reflexões e ensino*, Acir Mário Karwoski, Beatriz Gaydeczka & Karim S. Brito
26. *Letramentos de reexistência — poesia, grafite, música, dança: hip-hop*, Ana Lúcia Silva Souza
27. *Pesquisar no labirinto — a tese, um desafio possível*, Francisco Perujo Serrano
28. *O território das palavras — estudo do léxico em sala de aula*, Irandé Antunes
29. *Multiletramentos na escola*, Roxane Rojo & Eduardo Moura [orgs.]
30. *Leitura e mediação pedagógica*, Stella Maris Bortoni-Ricardo et alii [org.]
31. *Numeramento — aquisição das competências matemáticas*, Michel Fayol
32. *Letramentos no ensino médio*, Ana Lúcia Silva Souza, Ana Paula Corti & Márcia Mendonça
33. *Neologia em português*, Margarita Correia & Gladis Maria de Barcellos Almeida
34. *Língua e literatura: Machado de Assis na sala de aula*, Alexandre Huady T. Guimarães & Ronaldo de Oliveira Batista
35. *O ouvinte e a surdez — sobre ensinar e aprender a libras*, Audrei Gesser
36. *Ensinar na universidade — conselhos práticos, dicas, métodos pedagógicos*, Markus Brauer
37. *Os doze trabalhos de Hércules — do oral para o escrito*, Stella Maris Bortoni-Ricardo & Veruska Ribeiro Machado [orgs.]
38. *Múltiplas linguagens para o ensino médio*, Clecio Bunzen & Márcia Mendonça [orgs.]
39. *Leitura de literatura na escola*, Maria Amélia Dalvi, Neide Luzia de Rezende & Rita Jover-Faleiros [orgs.]
40. *Escol@ conectada — os multiletramentos e as tics*, Roxane Rojo [org.]
41. *Sete erros aos quatro ventos — a variação linguística no ensino de português*, Marcos Bagno
42. *Cenas surdas: os surdos terão lugar no coração do mundo?*, Renato Dente Luz
43. *Aquisição de linguagem*, Michèlle Kail
44. *Métodos de ensino de inglês — teorias, práticas, ideologias*, Luciano Amaral Oliveira
45. *Aquisição da escrita*, Michel Fayol
46. *Pedagogia do silenciamento — a escola brasileira e o ensino de língua materna*, Celso Ferrarezi Jr.
47. *Por que a escola não ensina gramática assim?*, Stella Maris Bortoni-Ricardo et al. [orgs.]
48. *Aquisição de segunda língua*, Vera Lúcia Menezes de Oliveira e Paiva
49. *Gramática contextualizada — limpando "o pó das ideias simples"*, Irandé Antunes
50. *Língua, Linguagem, linguística — pondo os pingos nos ii*, Marcos Bagno
51. *Hipermodernidade, multiletramentos e gêneros discursivos*, Roxane Rojo & Jacqueline Barbosa
52. *Produzir textos na educação básica — o que saber, como fazer*, Celso Ferrarezi Jr. & Robson S. de Carvalho
53. *Faça a diferença — ensinar línguas estrangeiras na educação básica*, Alex Garcia da Cunha & Laura Miccoli [orgs.]
54. Coaching *instrucional — formação continuada e ensino de línguas*, Alex Garcia da Cunha
55. *Fonologia, fonética e ensino — guia introdutório*, Mikaela Roberto
56. *De alunos a leitores — o ensino da leitura na educação básica*, Celso Ferrarezi Jr. & Robson S. de Carvalho
57. *Enunciado de atividades e tarefas escolares — modos de fazer*, Denise Lino de Araújo
58. *Tiras no ensino*, Paulo Ramos
59. *O mundo na sala de aula — intertextualidade nos anos finais do ensino fundamental*, Maria Silvia Gonçalves
60. *Textualidade — noções básicas e implicações pedagógicas*, Irandé Antunes
61. *Poesia na sala de aula*, Hélder Pinheiro
62. *Ensinar a ler, aprender a avaliar — avaliação diagnóstica das habilidades de leitura*, Robson S. de Carvalho
63. *Oralidade na educação básica — o que saber, como ensinar*, Robson Santos de Carvalho & Celso Ferrarezi Jr.
64. *Vygotsky — a interação no ensino/aprendizagem de línguas*, Francisco José Quaresma de Figueiredo
65. *Intercompreensão — a chave para as línguas*, Pierre Escudé & Francisco Calvo del Olmo
66. *A alfabetização de idosos — um tema urgente no Brasil*, Kátia Abreu & Maria Carlota Rosa
67. *A função da literatura na escola — resistência, mediação e formação leitora*, Maria do Socorro A. N. Macedo [org.]
68. *A oralidade no ensino de línguas estrangeiras*, José Ricardo Dordron de Pinho [org.]
69. *A avaliação na escola — Guia de conceitos e práticas*, Robson Santos de Carvalho
70. *Aprendendo com os erros — uma perspectiva comunicativa do ensino de línguas*, Francisco José Quaresma de Figueiredo

Esta obra foi composta em Adobe Garamond 11,5/15 e Candara 10,5/14,5
e impressa em papel Luxcream 70g
para a **Parábola Editorial** em março de 2024.

impressão e acabamento:
Vox Gráfica